Eva-Maria Jochner
Materialien und Kopiervorlagen
zur Klassenlektüre

Judith Le Huray

Flucht aus der Gruselhütte

Hase und Igel®

Inhalt

www.hase-und-igel.de
Lektorat: Luzie Bischoff
Illustrationen: Timo Grubing (aus der Lektüre), Christine Faltermayr (S. 6 und 24)
Satz: Appel Grafik München GmbH

ISBN 978-3-86316-168-2
2. Auflage 2022

Das Buch

Kinder lassen sich sehr schnell für spannende Abenteuer und knifflige Rätsel begeistern. Das neueste Buch von Judith Le Huray ist als Escape-Room-Roman angelegt und verknüpft diese beiden Aspekte miteinander: Es weckt die Entdeckerlust der Leser und fordert ihren Spürsinn und ihre Kombinationsgabe heraus. Die fesselnd erzählte Geschichte motiviert außerdem auch leseschwächere Schüler.

Eigentlich sollte es ein schöner Tag am See für die Geschwister Max und Lotta sowie deren Cousins Stella und Kilian werden. Aber eine Autopanne und ein Unwetter sorgen dafür, dass sie nicht an ihrem geplanten Ziel ankommen. Stattdessen suchen sie in einem Holzhaus Unterschlupf. Das erweist sich jedoch als eine echte Gruselhütte. Eingesperrt und abgeschnitten von der Außenwelt müssen die Kinder nun nicht nur mit Hunger und Durst kämpfen, sondern auch schwierige Rätsel lösen. Außerdem machen sie in der Hütte allerlei unheimliche Entdeckungen – von ausgestopften Tierköpfen über einen täuschend echt aussehenden Vampir bis hin zu einer lebendigen Schlange. Die anfangs gereizte Stimmung zwischen den grundverschiedenen Charakteren weicht langsam einem Gefühl des Zusammenhalts. Denn die vier Protagonisten merken bald: Nur mit vereinten Kräften können sie ihrem unheimlichen Gefängnis entkommen. Rätsel um Rätsel nähern sie sich dem Ziel. Nach drei Stunden haben sie es geschafft und verlassen die Hütte durch einen unterirdischen Tunnel. Am nächsten Schultag finden Lotta und Max heraus, wer hinter den schaurigen Einfällen und schwierigen Rätseln steckt – ein Autor von Gruselbüchern!

Der Escape-Room-Roman eignet sich für den Einsatz in der dritten und vierten Jahrgangsstufe. Der besondere Aufbau des Buches und die mitreißende Handlung bieten ein spannendes Leseerlebnis. Die Schüler raten am Ende jedes Kapitels aktiv mit und erfahren erst nach dem Lösen der Aufgabe die Seite, auf der die Geschichte weitergeht. Für diejenigen, die nicht eigenständig auf den richtigen Code kommen, enthält das Buch hinten im Umschlag Lösungsfelder, die freigerubbelt werden können.

Die Lektüre fordert nicht nur zum Kombinieren und Recherchieren auf, sondern bezieht mit der gemeinsamen Suche nach einem Ausweg aus der Gruselhütte auch die Themen Freundschaft, Solidarität und Zusammenhalt ein. Die ansprechenden Illustrationen von Timo Grubing fördern das Textverständnis und steigern zusätzlich die Lesemotivation.

Das Material

Das vorliegende Material ist als Lehrerheft begleitend zur Lektüre vorgesehen und gliedert sich in zwei Teile. Der erste Abschnitt enthält Zusammenfassungen der einzelnen Buchkapitel, Hinweise zu den Kopiervorlagen sowie weiterführende Übungen zur Sicherung und Vertiefung der zentralen Textstellen. Auch die Lösungen zu den Rätseln am Kapitelende werden hier erläutert.

Für eine vielseitige Auseinandersetzung mit dem Roman finden Sie ab Seite 19 Kopiervorlagen für die Schülerhand. Diese bieten Aufgaben zum Handlungsverlauf, damit Sie die Textkenntnis der Kinder überprüfen können. Darüber hinaus greifen sie auf spielerische Art und Weise den Rätselcharakter der Geschichte auf. Neben Übungen zum Textverständnis und zur Spracharbeit gibt es auch kreative Angebote, um sich mit den Themen der Lektüre auseinanderzusetzen, sowie Gesprächs- und Schreibanlässe, die den Bezug zur Lebenswelt der Schüler herstellen.

Jede Kopiervorlage ist mit einer Symbolleiste versehen, die auf einen Blick verdeutlicht, welche Arbeitstechniken hier erwartet werden:

Spiel, Spaß und vor allem viel Spannung wünscht Ihnen und Ihrer Klasse

Eva-Maria Jochner

Vor der Lektüre

Das Buch greift das Escape-Room-Prinzip auf, das auch bei Kindern immer beliebter wird. Der Escape-Room ist ein realer oder fiktiver/virtueller Raum, in dem die Spieler in einer vorgegebenen Zeit unterschiedliche Rätsel lösen müssen. Häufig gibt es ein thematisches Setting und das Entschlüsseln der Rätsel führt am Ende zur Befreiung aus dem Raum. Die wesentlichen Merkmale dieser Spielform stammen aus dem Adventure-Genre. Das Onlinespiel „Crimson Room" des Japaners Toshimitsu Takagi kam 2004 auf den Markt und hat das heute bekannte Konzept erstmals umgesetzt.

Escape-Room-Spiele ähneln ausgeklügelten Schnitzeljagden und sind räumlich und oft auch zeitlich begrenzt. Lassen Sie Ihre Schüler selbst eine solche Spielerfahrung machen und Escape-Rooms handlungsorientiert erleben. Nutzen Sie die Kopiervorlagen zur Schulhaus-Rallye, um die Lektüre einzuführen. Anschließend ist die Neugier der Kinder geweckt und sie können parallel zum Unterricht ein Lesetagebuch führen.

Hinweise zu den Kopiervorlagen

Schulhaus-Rallye

Mithilfe dieser Kopiervorlagen begeben sich Ihre Schüler auf eine Schnitzeljagd. Ziel ist es, die Rätsel zu lösen, um am Ende zu erfahren, wo die Lektüren versteckt sind.

Jedes der vier Rätsel wird ausgeschnitten und am jeweiligen Ort (Klassenraum, Tafel, Schultoilette, Turnhalle) platziert. Dann werden die Kinder mit dem ersten Rätsel „Verzählt noch mal!" auf die Suche geschickt.

Bilden Sie am besten Kleingruppen. Jeder Gruppe wird eine Farbe oder ein sonstiges klares Unterscheidungsmerkmal zugeteilt, an dem sie dann im jeweiligen Raum das Versteck des nächsten Rätsels erkennt. Dadurch kann jedes Team in seinem Tempo arbeiten. Lassen Sie entweder alle Gruppen im Klassenzimmer beginnen oder teilen Sie sie auf verschiedene Räumlichkeiten auf. Geben Sie bei Bedarf Tipps, um beim Lösen der Rätsel zu helfen.

Legen Sie die Bücher in einen Karton oder eine kleine Truhe, die als „Schatzkiste" dient. Diese stellen Sie auf dem Pausenhof auf. Das letzte Rätsel führt dann zum Schatz.

Lösung

Verzählt noch mal!
Im Text wurden sämtliche Zahlen hervorgehoben. Jede Zahl steht für einen Buchstaben und dessen Stelle im Alphabet. Bei der Zahl ZWANZIG sollen die Schüler demnach herausfinden, dass der Buchstabe T gesucht ist. Nach diesem Muster ergibt sich aus den Zahlen der nächste Hinweis.
Lösungswort: TAFEL

Tierisch knifflig!
Zunächst müssen die Kinder die abgebildeten Tiere erkennen. Deren Namen tragen sie in die Kästchen ein. Die grau unterlegten Felder markieren die Buchstaben für das Lösungswort.
Den nächsten Hinweis findet ihr auf dem <u>KLO</u>.

Spieglein, Spieglein!
Das Gedicht ist in Spiegelschrift geschrieben. Die Schüler lesen es von rechts nach links und ergänzen das letzte Wort so, dass der Paarreim erhalten bleibt. Dadurch ergibt sich folgender Text:
Abrakadabra, simsalabim!
Wöchentlich seid ihr mehrmals drin.
Zauberstab, Zylinderhut,
Zaubergeister, helft jetzt gut!
Lirum, larum, Löffelstiel,
Wer rennt und turnt, der weiß nun viel.
Hokuspokus fidibus, gespannt sind alle.
Des Rätsels Lösung findet ihr in der …
<u>TURNHALLE</u>!

Alles auf Anfang!
Dieses Rätsel ist ein Akrostichon. Die ersten Buchstaben am Versbeginn geben den Hinweis auf das Versteck der Lektüre.
Hier ist euer Schatz versteckt: PAUSENHOF

Mein Lesetagebuch

In einem Lesetagebuch können Ihre Schüler die Entschlüsselung der Rätsel und ihre individuellen Fortschritte festhalten. Mithilfe der Kopiervorlage haben sie die Möglichkeit, jedes Kapitel gemäß ihrer Lesekompetenz zu erschließen, besondere Stellen und Verständnisprobleme zu notieren sowie einen Textabschnitt zu bewerten.

Die Arbeit am Lesetagebuch kann im Rahmen von Wochenplan, Werkstattunterricht oder zu einer von Ihnen eigens festgesetzten Zeit geschehen.

Es empfiehlt sich, diese Blätter separat zu sammeln. Lassen Sie die Kinder ein Deckblatt für ihr Lesetagebuch gestalten, das sie beispielsweise mit Gruselmotiven oder Szenen aus dem Buch verzieren.

Weiterführende Anregung

Regen Sie Ihre Schüler dazu an, eine Lesekiste zur Lektüre zu erstellen. Mithilfe von Lesekisten verinnerlichen die Kinder Inhalte von Texten oder Büchern besonders wirkungsvoll. Sie sammeln Gegenstände, die in der Geschichte eine entscheidende Rolle spielen und somit handlungstragend sind, in einem Karton (z. B. einem Schuhkarton). Diesen können sie anmalen oder bekleben. Durch das Füllen der Lesekiste mit den verschiedenen Objekten wird ein Bezug zu ihrer Lebenswelt hergestellt und die Handlung veranschaulicht.

Ist die Lesekiste fertig, wird sie der Klasse präsentiert. Neben der mündlichen Buchvorstellung erhalten die Schüler auf diese Weise die Möglichkeit, sich über die Gegenstände und ihre Lektüreerfahrung auszutauschen.

Seite 7–14
Ein unfreiwilliges Abenteuer

Inhalt

Kilian und Stella sind übers Wochenende bei ihren Cousins Lotta und Max zu Besuch. Die Stimmung am Frühstückstisch ist angespannt, denn die Geschwisterpaare mögen sich nicht besonders.

Der Vater von Lotta und Max schlägt einen Ausflug zu einem Waldsee vor. Kilian und Stella sind nicht begeistert, kommen aber zähneknirschend mit. Auf dem Weg durch den Wald platzt jedoch ein Autoreifen. Der Vater bittet die Kinder, zum See vorzugehen, während er zur Werkstatt fährt. Die vier laufen los, ausgerüstet mit ihren Badesachen und Kilians Smartphone, das ihnen den Weg ans Ausflugsziel weisen soll. Doch Kilians Navi funktioniert nicht, es gibt keinen Wegweiser, Stella ist längere Fußmärsche nicht gewohnt und das Wetter schlägt plötzlich um. Bald stellen sie entsetzt fest: Sie haben sich verirrt.

Hinweise und Lösung zum Rätsel

Rätsel Seite 14: Die Schüler schneiden die fehlenden Labyrinthteile aus der hinteren Buchklappe innen aus und ergänzen so das Bild. Weisen Sie sie ggf. darauf hin, dass sie überall am Buch nach Hinweisen Ausschau halten müssen. Wenn sie die Quadrate richtig aufgeklebt haben, können sie den Weg zum See finden. Dazu starten sie am roten Punkt und suchen immer den nächsten Buchstaben auf dem Waldweg. Aus den Buchstaben ergibt sich dann das Lösungswort „Irrweg". Der Code lautet also I6.

Gesprächs- und Schreibanlässe

Lottas und Max' Vater schlägt einen Ausflug an den See vor. (Seite 7)
- Was machst du im Sommer am Wochenende am liebsten?
- Warst du auch schon einmal an einem Badeweiher? Erzähle.

Stella und Kilian gehen Lotta schrecklich auf die Nerven. (Seite 7)
- An welchen Stellen im Text bemerkst du das?
- Mit welcher Märchenfigur vergleicht Lotta ihre Cousine Stella und warum?

Das Auto hat einen platten Reifen. (Seite 9)
- Welche zwei Möglichkeiten haben die Kinder jetzt?
- Kannst du ihre Entscheidung verstehen? Warum (nicht)?

Lotta, Max, Kilian und Stella versuchen, sich im Wald zurechtzufinden. (Seite 10 ff.)
- Was verwendet Kilian zur Orientierung und wonach richtet sich Max?
- Wieso verlaufen sich die vier im Wald?
- Hast du dich auch schon einmal verirrt? Berichte.
- Wie orientierst du dich in der freien Natur?

Kilian vergleicht ihre Situation mit der von Hänsel und Gretel. (Seite 10)
- Wie haben diese Märchenfiguren ihren Weg durch den Wald gefunden?
- Passt Kilians Vergleich? Warum (nicht)?

Hinweise zu den Kopiervorlagen

KV Seite 22

Die Hauptfiguren

Im 1. Kapitel werden die vier Protagonisten Lotta, Max, Stella und Kilian vorgestellt. Die Schüler machen sich mithilfe eines Diagramms die Verwandtschaftsbeziehungen der Kinder bewusst. Im Anschluss verfassen sie zu einer der Figuren eine Personenbeschreibung und trainieren dabei das sinnentnehmende Lesen.

Lösung

Aufgabe 1:

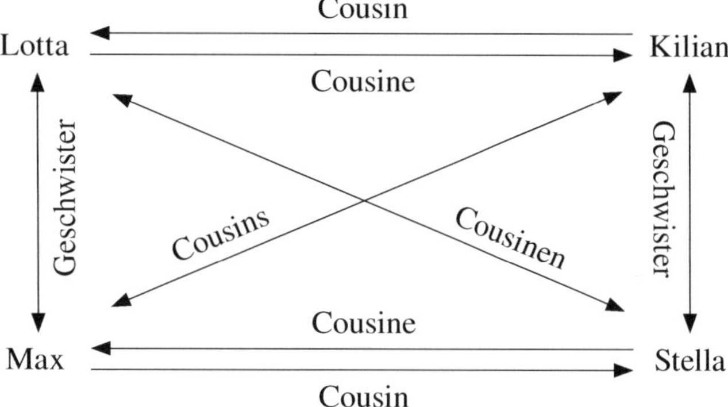

Aufgabe 2:

Stella ist neun Jahre alt. Sie interessiert sich für Mode und mag es, shoppen zu gehen. Ihr Kleidungsstil ist schick, aber nicht sehr praktisch. Stella macht sich nicht gern schmutzig und ist kein Naturmensch oder Wanderfan.
Kilian ist zehn Jahre alt und groß für sein Alter. Er ist eher unsportlich und ziemlich missmutig. Kilian interessiert sich für Technik und legt sein Handy kaum aus der Hand.
Der neunjährige Max liebt es, in der Natur zu sein – ob zum Baden im Weiher oder zum Spazierengehen im Wald. Er ist Mitglied im Wanderverein und kann sich auch ohne technische Hilfsmittel orientieren.
Lotta ist zehn Jahre alt. Sie ist hilfsbereit und geduldig. Wie ihr Bruder ist Lotta gern draußen in der Natur. Sie kennt sich sehr gut mit Pflanzen aus und weiß, welche heilende Wirkung sie haben.

KV Seite 23

Hänsel und Gretel

Nach einer ersten Textkenntnisfrage zum Gelesenen müssen die Schüler Flexibilität im Denken beweisen, indem sie den Transfer vom Märchen „Hänsel und Gretel" zur Situation der Protagonisten leisten. Einen Bezug zur Lebenswelt der Kinder stellt die letzte Aufgabe her, in der die Orientierung in der freien Natur (ohne technische Hilfsmittel) thematisiert wird.

Lösung

Aufgabe 1:

☒ An diesem Wochenende will Lottas und Max' Vater mit den Kindern an einen Badeweiher im Wald fahren.
☐ Alle vier sind von dem Vorschlag des Vaters begeistert und freuen sich auf den Ausflug.
☒ Auf dem Weg zum See gibt es einen Stau. Der Vater biegt deshalb in einen holprigen Forstweg ab.
☐ Bald kommen sie nicht mehr weiter, denn ein großer Baumstamm blockiert die Straße.
☐ Der Vater setzt die Kinder im Wald aus und fährt nach Hause.
☒ Die vier sollen am Nachmittag wieder abgeholt werden.

Aufgabe 2:

Auch Hänsel und Gretel haben im Wald die Orientierung verloren und sich verirrt.

Aufgabe 3:

z. B. 1. Der Stand der Sonne verrät die Himmelsrichtung (morgens im Osten, mittags im Süden, abends im Westen).
2. Flechten und Moose wachsen an der Nordwestseite eines Baumes.
3. Der Polarstern steht am Nachthimmel im Norden.

KV Seite 24

Breitwegerich und Co.

Die Kopiervorlage regt dazu an, sich gezielt über die Wirkung des Breitwegerichs und dessen Aussehen zu informieren. Darüber hinaus ordnen die Schüler den einheimischen Wald- und Wiesenpflanzen Löwenzahn, Gänseblümchen und Schlüsselblume ihre heilende Wirkung und die passende Abbildung zu.

Lösung

Aufgabe 1:

Der Breitwegerich ist eine Pflanze, die flach am Boden wächst. In der Mitte der Blätter hat sie schmale aufrechte Blütenähren. Die Blätter wirken kühlend und helfen bei Blasen. Tee aus dem Gewächs lindert z. B. Husten und Halsschmerzen.

Aufgabe 2:

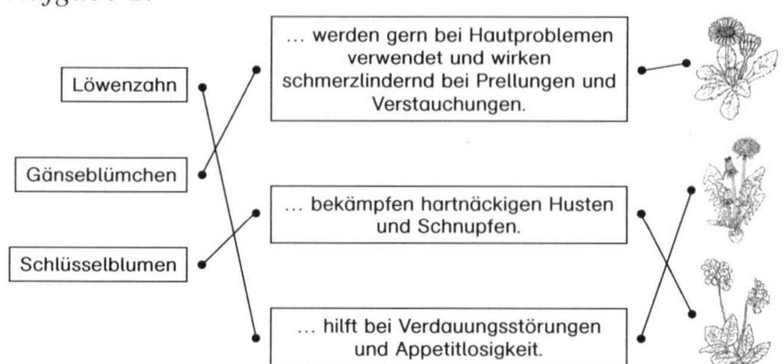

Seite 39–44 und Seite 53–58
Gefangen in der Gruselhütte

Inhalt

Das Wetter wird immer ungemütlicher. Die vier Kinder eilen durch den Wald und sind bald völlig durchnässt. Max und Lotta suchen nach Wegmarkierungen, doch vergebens. Da entdecken sie eine Hütte im Wald. Als sie den Unterschlupf betreten, fällt die Tür hinter ihnen zu und sie sitzen in dem kleinen, stockfinsteren Holzhaus fest. Im Schein des Handylichts erblicken sie einige unheimliche Fratzen an der Wand. Auf der Suche nach dem Lichtschalter drückt Kilian einen kleinen Hebel. Es bleibt dunkel. Stattdessen ertönt eine Stimme, die den Kindern ein Rätsel in Versmaß stellt: Die vier sollen einen hellen Schein suchen, um den Ausweg aus der Hütte zu finden.

Nach dem ersten Schreck hat Kilian eine vernünftige Erklärung: Die Stimme wurde von einer Bandaufnahme abgespielt. Die vier machen sich auf die Suche nach der Lichtquelle und werden auf dem Tisch fündig. Dort steht ein Windlicht. Nachdem sie die Kerze angezündet haben, setzen sie sich an den Tisch, wickeln sich in ihre Decken und essen von ihrem Proviant. Im Gespräch erfährt Lotta, dass Stella gern und gut malt. Kilian schimpft unterdessen über seinen Onkel. Bevor ein Streit entbrennen kann, erblicken die Kinder das nächste Rätsel. Lotta macht mit dem Smartphone ein Foto von der Schrift an der Decke.

Hinweise und Lösungen zu den Rätseln

- Rätsel Seite 44: Geben Sie Ihren Schülern (falls nötig) den Tipp, das Buch umzudrehen, sodass das Handy und die Zahlen darin auf dem Kopf stehen. Beim genauen Hinsehen können sie aus den Ziffern das Lösungswort „See“ herauslesen. Der Code lautet demnach S3.
- Rätsel Seite 58: Für dieses Rätsel muss man das Hütteninnere im vorderen Umschlag genau anschauen. Welche Wärmequelle ist dort zu finden? Der „Ofen“ ist der einzige Gegenstand, der die Kälte vertreiben kann. Der richtige Code ist also O4.

Gesprächs- und Schreibanlässe

Das Gewitter kommt näher und die Kinder suchen einen Unterschlupf. (Seite 39 ff.)

- Warst du schon einmal bei einem Gewitter draußen? Was hast du gemacht, um dich zu schützen?
- Was solltest du bei Gewitter auf keinen Fall tun?

Die Kinder sind in der Gruselhütte gefangen. (Seite 41 ff.)

- Beschreibe ihre Gefühle.
- Stell dir vor, du wärst auf einmal in einer Hütte im Wald eingesperrt. Wie würdest du reagieren?
- Was würdest du tun, um dich zu befreien?

Als Kilian den Schalter umlegt, ertönt eine gespenstische Stimme, die einen rätselhaften Spruch aufsagt. (Seite 42)

- Welche Strophe des Gedichts findest du am gruseligsten und warum?
- Was, glaubst du, erwartet die vier jetzt in der Hütte?

Lotta, Stella, Max und Kilian setzen sich entmutigt an den Tisch. Zum Glück haben sie ihre Taschen dabei. (Seite 55 f.)

- Was holen sie aus ihren Taschen hervor?
- Wie helfen ihnen die Gegenstände?
- Was wäre jetzt außerdem nützlich?

Hinweise zu den Kopiervorlagen

Verblitzt und zugenäht!
Diese Kopiervorlage fördert das sinnentnehmende Lesen und fasst den Inhalt des Kapitels zusammen. Die Schüler ergänzen den Lückentext mit den passenden Begriffen. Die vorgegebenen Nomen helfen ihnen.

Lösung
Der Himmel hat sich inzwischen vollkommen verdüstert, sodass die Kinder in der Dämmerung kaum noch etwas erkennen können. Das Wetter wird immer stürmischer und regnerischer. Blitz und Donner machen ihnen zusätzlich Angst. Max wird klar: Sie brauchen unbedingt einen Unterstand. Orientierungslos und verzweifelt irren die vier durch das Gestrüpp. Max und Lotta gehen voraus und suchen nach Wegmarkierungen – leider vergebens. Kilian und Stella können ihnen kaum folgen, denn die beiden sind längere Fußmärsche über Holperpfade nicht gewohnt. Bald fangen die Kinder an zu streiten. Dabei stellt sich heraus: Sie sind die ganze Zeit in die falsche Richtung gegangen. Kilian hat den Bärensee mit dem Weidensee verwechselt! Max und Lotta schlucken ihren Ärger herunter, denn sie wissen: Jetzt helfen Beschimpfungen nicht weiter. Sie müssen zusammenhalten. Nur gemeinsam können sie eine Lösung finden!

Blitzrechnen

Kilian und Lotta rechnen aus, wie weit das heraufziehende Gewitter noch von ihnen entfernt ist. Wie das geht, erfahren Ihre Schüler auf dem Arbeitsblatt. Nach einem Infotext dürfen sie selbst rechnen. Auch das richtige Verhalten bei Gewitter wird aufgegriffen und bietet Gelegenheit für ein vertiefendes Unterrichtsgespräch mit Ihrer Klasse.

Lösung

Aufgabe 2:

Antwort: Das Gewitter ist 3996 Meter, also circa 4 Kilometer, entfernt.

Aufgabe 3:

z. B. Schutz in einem Unterstand suchen, Bäume, metallische Gegenstände und Wasser meiden, auf freien Flächen wie Wiesen auf den Boden legen oder in die Hocke gehen

In Sicherheit?

Aufgabe der Schüler ist es auf diesem Arbeitsblatt, zunächst die Hoffnungen und Erwartungen der Hauptfiguren mit passenden Adjektiven zu beschreiben und im zweiten Schritt die realen Begebenheiten herauszuarbeiten, die die Kinder in der Hütte vorfinden. So wird der Gefühlsspagat der vier Protagonisten besonders deutlich. In der dritten Aufgabe geben die Schüler mithilfe der übrig gebliebenen Adjektive wieder, wie sich die Kinder fühlen, als sie in der Hütte gefangen sind. Mit dieser Aufgabe wird der Wortschatz im Hinblick auf die Schilderung von Emotionen erweitert.

Lösung

Aufgabe 1:

gemütlich, warm, trocken, sicher

Aufgabe 2:

dunkel, gruselig, kalt, gespenstisch

Aufgabe 3:

Kilian tippt entmutigt auf dem Handy herum.
Max rutscht kraftlos zu Boden.
Stella trommelt verzweifelt gegen die Wand.
Alle weichen erschrocken vor den Fratzen zurück.

So ein Chaos!

Auch hier müssen die Schüler genau lesen und die Textabschnitte des Kapitelendes in die richtige Reihenfolge bringen. Eine Selbstkontrolle wird durch das entstehende Bild möglich. Dieses verrät gleichzeitig die Lösung des Rätsels. Es zeigt den gesuchten Ofen.

Seite 77–80, Seite 27–32 und Seite 69–72
In unheimlicher Gesellschaft

Inhalt

Neben dem Ofen findet Max Brennholz und will einheizen. Als er am Rost rüttelt, fallen ihm Papierschnipsel mit Zahlen und Buchstaben ins Auge. Sie sind das nächste Rätsel, das es zu lösen gilt.

Trotz der schnellen Entschlüsselung der neuen Botschaft sind die Kinder entmutigt. Mittlerweile brennt zwar ein Feuer im Ofen, doch durch die Ritzen der gruseligen Hütte pfeift der Wind – und es riecht streng. Max entdeckt die Quelle des Gestanks, die auch das nächste Rätsel bereithält. Es ist eine alte Emailschüssel mit einer grünlichen Brühe. Als Lotta das Gefäß etwas kippt, bemerkt sie Buchstaben in der Schüssel. Um diese besser lesen zu können, leert Max die stinkende Flüssigkeit in einen Topf mit Deckel. Mit Stift und Papier aus Stellas Tasche sitzen die vier grübelnd über den Buchstaben. Schließlich findet Lotta die Lösung.

Beim Öffnen der Kiste werden die Nerven der Kinder auf eine weitere Probe gestellt: In der Truhe verbergen sich eine Vampir- und eine Hexenpuppe sowie allerlei andere täuschend echt aussehende Gruselgestalten. Lotta und Max fassen sich ein Herz, wühlen weiter in der Kiste und bringen ein kleines Schatzkästchen zum Vorschein. Es ist mit einem Zahlenschloss versehen. Kilian fällt sofort die im vorherigen Rätsel erwähnte Rechenaufgabe „zwölf mal dreizehn" ein. Tatsächlich: Mit der Zahl hundertsechsundfünfzig lässt sich das Kästchen problemlos öffnen. Die vier sind zuerst enttäuscht, als sie eine bunte Holzperlenkette daraus hervorholen.

Hinweise und Lösungen zu den Rätseln

- Rätsel Seite 79/80: Die Papierschnipsel sind auf beiden Seiten bedruckt. Weisen Sie die Kinder ggf. darauf hin, dass sie für dieses Rätsel eine Schere benötigen. Sie schneiden die Schnipsel aus und legen sie in der Reihenfolge der Zahlen vor sich hin. Wenn sie die Zettel nun umdrehen, ergibt sich aus den Buchstaben auf der Rückseite folgender Lösungssatz: „Eine Schüssel ist der Schlüssel." Das gesuchte Wort lautet demnach „Schüssel" und der Code zum Weiterlesen S8.
- Rätsel Seite 32: Als Hilfestellung zu diesem Rätsel können Sie die Kopiervorlage „Buchstabensalat" (Seite 30) heranziehen. Dort wird diese Art der „Geheimschrift", bei der die einzelnen Buchstaben eines Wortes durcheinandergewürfelt sind, aufgegriffen und die Schüler

üben, sie zu entschlüsseln. Wenn sie die Buchstaben richtig sortieren, ergibt sich ein Reim mit Hinweis auf das nächste Rätsel: „Such die Kiste! Dort versteckt ist ein Schatz mit Schloss verseh'n. Wenn du diesen hast entdeckt, rechne aus zwölf mal dreizehn." Das Lösungswort ist „Kiste". Der Code lautet also K5.

- Rätsel Seite 72: Hier müssen die Kinder um die Ecke denken. Auch bei diesem Rätsel können Sie sie dazu auffordern, sich den Umschlag genau anzusehen. Weisen Sie ggf. darauf hin, dass die Farben der Kette eine wichtige Rolle spielen. Denn der Zettel, der auf der vorderen Klappe außen abgedruckt ist, gibt den entscheidenden Hinweis. Die Schüler sollten im ersten Schritt erkennen, dass fünf Buchstaben immer eine bestimmte Farbe haben, die auch auf der Perlenkette zu finden ist. Wenn sie nun die Buchstaben in der Reihenfolge lesen, in der die farbigen Perlen auf der Kette aufgefädelt sind, ergibt sich das Wort „Regal". Dies führt zu Code R5.

Gesprächs- und Schreibanlässe

Draußen tobt das Gewitter und die Kinder sitzen zusammengedrängt am Tisch. (Seite 27)

- Wo wäre Max jetzt lieber, draußen im Wald oder in der Hütte?
- Welche der beiden Alternativen wäre dir lieber?
- Wovor fürchtet sich Stella besonders?

In der Schüssel entdecken die vier eine geheimnisvolle Schrift. Kilian hält sie zuerst für eine andere Sprache. (Seite 30)

- Nenne fünf Fremdsprachen.
- Sprichst du noch etwas anderes außer Deutsch? Sage einen Satz in dieser Sprache.
- Welche Sprache würdest du gern lernen?

Der Text in der Schüssel stellt sich als eine Geheimschrift heraus. (Seite 31 f.)

- Welche Geheimschriften kennst du? Wie funktionieren sie? Erkläre.
- Hast du vorher schon einmal eine Geschichte gelesen, in der geheime Botschaften vorkamen? Erzähle.

Aus der Kiste holen die Kinder eine Vampirpuppe. Um die Blutsauger ranken sich viele Gerüchte. (Seite 70)

- Gibt es Vampire wirklich?
- Welche Eigenschaften werden ihnen zugeschrieben?

Hinweise zu den Kopiervorlagen

Auf Fehlersuche

Die Schüler vergleichen den Textabschnitt auf dem Blatt mit dem in der Lektüre und streichen falsche Wörter durch. So üben sie das genaue und sinnentnehmende Lesen. Um das Ausmachen der insgesamt sieben versteckten Fehler herausfordernder zu gestalten, können Sie die Zeit stoppen: Wer hat als Erster alle richtigen Lösungen herausgefunden?

Bei der zweiten Aufgabe werden sich die Kinder über die Gemeinsamkeit der falschen Wörter klar und beschäftigen sich dadurch mit dem grammatischen Phänomen der doppelten Konsonanten.

Lösung

Aufgabe 1:

„Warte!", schaltet Lotta sich ein. „Was, wenn da ein Hinweis versteckt ist?" Sie schnappt sich das Windlicht vom Tisch. Im Kerzenschein betrachtet sie den Heizkörper von allen Seiten. Nichts. Am Rohr? Fehlanzeige. Sie öffnet die Tür. Nur Asche. Enttäuscht zuckt sie mit den Schultern. „Schade. War wohl nicht der Ofen gemeint."

„Dann mach ich jetzt Feuer", beschließt Max. „Sonst werden wir noch krank, mit unseren nassen Klamotten in der Kälte."

„Weißt du überhaupt, wie das geht?", fragt Kilian skeptisch.

„Ja. Opa hat auch so einen Ofen. Er hat mir gezeigt, worauf man achten muss."

Max rüttelt am Rost und die staubigen Brennrückstände fallen in den Aschekasten darunter. Dann stutzt er. „Was ist das denn?"

Aufgabe 2:

Alle Wörter haben einen doppelten Konsonanten.

Buchstabensalat

Die erste Botschaft auf diesem Arbeitsblatt ist in derselben Geheimschrift verfasst wie der Text in der Schüssel. So nähern sich die Schüler spielerisch der Aufklärung des Kapitelrätsels. Sie lernen außerdem eine zweite Geheimschrift kennen, die sie entschlüsseln müssen und die einen weiteren Hinweis auf die Lösung enthält: Der gesuchte Gegenstand (Kiste) hat einen Deckel. Anschließend denken sich die Kinder selbst eine Geheimschrift aus und lassen sie von ihrem Partner entziffern.

Lösung

Aufgabe 1:

Wenn du diesen Code knackst, bist du der Lösung ganz nah!

Aufgabe 2:
Unter einem grünen Schleim
verbirgt sich rätselhafter Reim.
Lös den Code und du wirst sehen,
welchen Deckel du musst heben.

Erklärung: Der letzte Buchstabe eines Wortes wird immer an den Anfang des nächsten Wortes verschoben.

Aufgabe 3:
individuelle Lösung

Weiterführende Anregung
Die Schüler verfassen eine ganze Geschichte in einer Geheimschrift. Die Texte können Sie sammeln und als „Buch der Geheimnisse" zusammenheften.

Eine Kiste voller Überraschungen
In der Kiste verbergen sich verschiedene Gegenstände. Welche genau, sollen die Schüler auf diesem Arbeitsblatt erkennen und aufschreiben. Darüber hinaus rekapitulieren sie das Kapitelende des Abschnitts von Seite 69 bis 72.

Lösung
Aufgabe 1:
Schlangen, Hexe, Schatzkästchen, Kröten, Vampir, Spinnen, Plastik-Fledermäuse

Aufgabe 2:
Kilian erinnert sich, dass der Reim in der Schüssel eine Matheaufgabe enthält. Mit dem Rechenergebnis können die vier das Zahlenschloss öffnen.

Gruseliges Gitterrätsel
Stella, Lotta, Max und Kilian werden in diesem Kapitel mit unterschiedlichen gruseligen Gegenständen und Gestalten konfrontiert. Das vorliegende Gitterrätsel enthält dreizehn Nomen aus dem Buch, die die Kinder finden und einkreisen sollen. Dabei trainieren sie ihre Lesefertigkeit. Die Begriffe sind waagrecht und senkrecht im Wortgitter versteckt.

Die zweite Aufgabe widmet sich einem bestimmten Gruselwesen – dem Vampir. Die Schüler notieren, wie Lotta sich gegen den vermeintlichen Blutsauger wehrt.

Lösung
Aufgabe 1:

M	G	R	M	D	A	W	U	Z	G	E	S	P	E	N	S	T	I
O	H	J	I	K	P	G	Y	Ü	A	H	G	D	R	V	C	K	H
N	W	S	J	Z	E	R	E	J	G	C	B	N	O	L	P	Q	F
S	U	V	T	B	L	U	T	S	A	U	G	E	R	E	Ö	F	D
T	H	A	U	E	O	F	A	M	E	Ä	D	R	E	I	B	L	G
E	A	M	I	E	L	T	Z	S	P	I	N	N	E	N	V	E	R
R	B	P	A	G	A	H	F	S	E	G	V	I	H	R	Y	D	J
P	S	I	C	H	H	E	U	W	I	L	S	E	I	E	M	E	T
U	G	R	U	G	E	I	S	T	N	S	Ö	S	A	O	A	R	Y
M	A	T	A	I	X	T	E	T	O	J	L	A	L	E	U	M	Q
P	Z	P	H	W	E	E	R	U	N	B	E	R	Ü	H	G	Ä	L
E	B	A	M	B	I	S	Q	H	L	R	N	G	E	N	D	U	T
D	A	G	Ä	N	S	E	H	A	U	T	E	N	D	W	I	S	F
Q	T	I	M	C	Ü	W	D	V	E	G	R	Z	A	U	B	E	R
K	R	A	L	L	E	N	I	K	L	Ö	X	I	P	A	M	L	O

Aufgabe 2:
Lotta will sich mit einem Kreuz aus zwei Holzscheiten vor dem Vampir schützen.

Seite 59–63, Seite 15–20 und Seite 45–48
Die Angst wächst

Inhalt

Ein Zettel unten in der Truhe enthält den entscheidenden Hinweis. Im Regal suchen Max und Lotta nun nach dem nächsten Rätsel. In der Zwischenzeit muss Kilian die Gruselpuppen wieder in der Kiste verstauen, damit sie Stella keine Angst mehr machen. Bald entdecken Lotta und Max zwei Holzbrettchen. Das eine ist mit Buchstaben bemalt, das andere zeigt ein Hexenhaus.

Durch das Aufeinanderlegen der Brettchen kommt Stella auf das Lösungswort. Der Waschbär hängt an der Wand und Max untersucht ihn nach neuen Spuren. Als er ein Stück Papier aus dem Maul des Tieres zieht, gibt es einen heftigen Windstoß. Max erschrickt und verletzt sich seinen Finger am Zahn des Waschbären. Der Anblick des Blutes, das Unwetter, unheimliche Geräusche und ein angeknackster Dachbalken jagen den Kindern einen Schauer nach dem anderen über den Rücken. Als der Sturm sich legt, fangen sie sich und betrachten den Zettel aus dem Maul des Waschbären genauer – ein Kreuzworträtsel.

Während Kilian irrtümlicherweise den nächsten Hinweis beim Schaf sucht, hat Lotta das passende Kräuterbüschel, das an einer Schnur hängt, schon erspäht. Zwischen den Stängeln der Schafgarbe findet sie einen neuen Zettel: Es ist ein quadratisches Stück Papier, auf dem kreuz und quer Buchstaben und Linien verteilt sind.

Hinweise und Lösungen zu den Rätseln

- Rätsel Seite 63: Machen Sie die Schüler ggf. darauf aufmerksam, dass dies nicht das einzige Brettchen im Buch ist. Das Holzbrettchen auf Seite 63 muss ausgeschnitten werden. Ein zweites Holzbrett findet sich außen auf der hinteren Klappe. Es hat ausgestanzte Fenster, die eine wichtige Rolle spielen. Die Kopiervorlage „Augen auf!" enthält den Hinweis auf die Fenster und kann im Anschluss an das Kapitel eingesetzt werden, um auch schwächeren Schülern die Möglichkeit der eigenständigen Lösung zu bieten. Wenn die Kinder die ausgeschnittene Illustration exakt unter dieses Brettchen in der Klappe legen, lassen sich durch die Ausstanzungen der Fenster bestimmte Buchstaben erkennen. Diese bilden das Wort „Waschbär". Der Code lautet also W8.
- Rätsel Seite 20: In einem ersten Schritt wird das Kreuzworträtsel gelöst. Die Zahl in Klammern verrät, der wievielte Buchstabe des Wortes gebraucht wird. Liest man diese Buchstaben in der nummerierten Reihenfolge, kommt „Schafgarbe" heraus (Code S10):
  1. GE**S**PENST
  2. MITTERNA**C**HT
  3. SC**H**LANGE
  4. R**A**TTE
  5. **F**LEDERMAUS
  6. **G**EWITTER
  7. F**A**LLE
  8. VAMPI**R**
  9. RA**B**E
  10. HEX**E**
- Rätsel Seite 47/48: Um die Anordnung der Buchstaben zu verstehen, müssen die Kinder den Zettel heraustrennen und dann noch an der durchgehenden Linie einschneiden. Wenn sie das Blatt jetzt an den gestrichelten Linien nach vorne knicken, wird folgender Text lesbar: „Flasche mit Leben wird dir etwas geben." Der gesuchte Begriff lautet demnach „Flasche", der Code F7.

Gesprächs- und Schreibanlässe

Kilian wirft Lotta vor, sie würde den „Boss spielen". (Seite 59)

- Was meint er damit?
- Warum stört ihn Lottas Verhalten?
- Kannst du seinen Ärger verstehen? Warum (nicht)?

Kilian sagt zu seiner Schwester, sie sei manchmal „echt ein Schisser". (Seite 60)

- Ist Angst zu empfinden immer negativ? Welche positiven Seiten hat Angst?
- Was tust du, wenn du Angst hast?

Max fragt sich, ob sein Vater sie schon vermisst. (Seite 18)

- Was glaubst du?
- Wie könnte der Vater versuchen die Kinder zu finden?

Hinweise zu den Kopiervorlagen

Augen auf!

Hier wird der Rätselcharakter des Buches verknüpft mit dem sinnentnehmenden Lesen. In der ersten Aufgabe vergleichen die Kinder die Aussagen auf der Kopiervorlage mit dem Lektüretext. In der zweiten Aufgabe bilden sie aus den als fehlerhaft erkannten Wörtern einen Satz. So erhalten sie einen wichtigen Tipp zur Lösung des Rätsels am Ende des Kapitels.

Lösung

Aufgabe 1:

Dank des Hinweises hat Stella bald herausgefunden, was die Farben der Perlen zu bedeuten haben.
„Super!" Lotta klopft Stella auf die Schulter und steht auf. „Dann suchen wir dort weiter."
Kilian verschränkt die Arme vor der Brust. „Ich mach gar nix mehr, wenn du immer den Boss spielst."
Lotta streitet nicht gern. Oft ist sie diejenige, die schlichtet, wenn andere sich zanken. Doch Kilian geht ihr richtig auf den Keks. Von dem Stress und dem muffigen Gestank in ihrem Gefängnis bekommt sogar sie schlechte Laune. Auf dem kleinen Wandregal gibt es verschiedene Dinge zu entdecken. Einige davon sind ziemlich unheimlich. Auf dem obersten Bord liegen zwei Holzbrettchen. Das eine Täfelchen ist mit Buchstaben bemalt.

Aufgabe 2:

„Tipp: Achte genau auf die offenen Fenster des Hauses!"

Angst und bange

Das Unwetter erreicht seinen Höhepunkt und die Furcht der vier Protagonisten wird immer größer. Dieses Gefühl ist Ihren Schülern sicher nicht unbekannt. Auf dem Arbeitsblatt verbinden sie die Aussagen mit dem jeweiligen Sprecher und machen sich dadurch noch einmal den emotionalen Zustand der Kinder bewusst. Wie sich Angst in einer körperlichen Reaktion zeigt, umschreiben die Schüler in der zweiten Aufgabe.

Lösung
Aufgabe 1:
Kilian: „Das ist ein Orkan!“ (Seite 16), „Wenn er durchbricht, stürzt das Dach auf uns runter.“ (Seite 17)
Max: „Ob uns Papa wohl vermisst?“ (Seite 18)
Stella: „Kann der uns wegwehen?“ (Seite 16), „Die glotzen, als würden sie sich gleich auf uns stürzen.“ (Seite 15)
Lotta: „Ein bisschen gruselig ist das schon.“ (Seite 15)

Aufgabe 2:
z. B. Stella zittert vor Furcht am ganzen Körper.
Max fällt vor Schreck vom Stuhl.
Lotta hat vor Angst weiche Knie.
Kilian bekommt eine Gänsehaut beim Gedanken an den tosenden Sturm.
Stella läuft beim Anblick der toten Tiere ein Schauer über den Rücken.

Weiterer Unterrichtsvorschlag

Auf den Seiten 45 und 46 wird noch einmal das Thema „Heilpflanzen“ angesprochen. Nutzen Sie die Gelegenheit und verbinden Sie den Deutschunterricht mit dem Sachunterricht, indem Sie auf die Kopiervorlage „Breitwegerich und Co.“ (Seite 24) zurückgreifen. Lassen Sie die Kinder weitere Kräuter mit heilender Wirkung recherchieren und fächerübergreifend ein Lapbook zu heimischen Heilpflanzen erstellen.

Während die Schüler mit Leporellos, Pop-up-Karten, Memospielen, gepressten Blütenblättern, Zeichnungen sowie Bildern kreativ werden, gestalten sie nicht nur ein individuelles Lapbook, sondern erfahren auch alles Wichtige über das Aussehen, die verschiedenen Einsatzgebiete und Wirkungsweisen der Heilpflanzen.

Seite 81–86, Seite 49–52 und Seite 73–76
Die Lage spitzt sich zu

Inhalt

Nachdem die Kinder im vorangegangenen Kapitel das Lösungswort herausgefunden haben, suchen sie nun nach der Flasche. Unter der Kommode werden sie fündig. Neben unappetitlichen Stinkwanzen hält das Gefäß auch ein Stück Papier mit einem Gedicht bereit. Die Wanzen verbannen sie in die Kaffeekanne. Beim Lesen des gereimten Textes fällt ihnen etwas auf.

Lotta durchschaut schnell den Trick mit den fehlenden Buchstaben. Die Stimmung ist allerdings auf dem Tiefpunkt. Ein Streit mit gegenseitigen Schuldzuweisungen beginnt, in dessen Verlauf Kilian aufspringt und aus Versehen das Windlicht vom Tisch wischt. Das Glas zersplittert und die Kerze rollt in die Dunkelheit. Es gelingt ihnen zwar, sie zu finden und wieder anzuzünden, aber sie ist noch kleiner geworden. Ihnen wird klar, dass nicht mehr viel Zeit zum Lösen der Rätsel bleibt. Die vier kippen die Holzbank in der Hütte um. Auf der Unterseite entdecken sie merkwürdige Linien.

Lotta sammelt die Scherben ein und fragt sich, wer sie in dieser Gruselhütte eingesperrt hat. Währenddessen entschlüsseln die beiden Jungen die Bedeutung der Linien. Sie stellen sich vor das Gemälde, in dem Rechenaufgaben verborgen sind, und Kilian bittet seine Schwester, die Zahlen zu notieren. Die hat sich allerdings auf die Emailschüssel zurückgezogen, um ihre Notdurft zu verrichten – trotz der vielen Spinnen dort.

Hinweise und Lösungen zu den Rätseln
- Rätsel Seite 86: Für diese Rätselform ist es eventuell sinnvoll, lesestarke und leseschwache Schüler zusammenarbeiten zu lassen, da hier eine gute Rechtschreibkenntnis gefragt ist. In einigen Wörtern fehlen Buchstaben. Diese ergeben aneinandergereiht einen rätselhaften Hinweis: „Sitz für Geld oder Menschen“. Die Kinder müssen das gesuchte Homonym „Bank“ finden und bei Code B4 weiterlesen.
- Rätsel Seite 52: Die Linien sind so gezogen, dass aus einigen die Buchstaben g, E, M, ä, l, D und ein weiteres e zu erkennen sind. Die Lösung ist „Gemälde“ und der Code G7.
- Rätsel Seite 76: Auch hier hält die vordere Außenklappe wieder entscheidende Informationen bereit. Dort sind drei Rechnungen versteckt. Diese geben Hinweise darauf, wie die Aufgaben auf dem Gemälde zu lösen sind. Denn das Rechenergebnis steht jeweils für die Position eines Buchstabens im Alphabet. Aus den „errechneten“ Buchstaben kann das Wort „Kommode“ gebildet werden. Der Code lautet also K7.

Gesprächs- und Schreibanlässe

Max spricht von einem Zaubertrank. Kilian denkt dabei sofort an die Asterix-Comics. (Seite 81)
- Was bewirkt das Elixier bei Asterix und Obelix?
- Welches Getränk hat eine „magische“ Wirkung auf dich?
- Denk dir ein Rezept für einen Zaubertrank gegen Angst aus und schreibe es auf.

Bank ist ein Homonym, ein Teekesselchen.

- Nenne weitere Wörter, die zwei unterschiedliche Bedeutungen haben.
- Schreibe Hinweise zu einem Teekesselchen auf (erst schwere, dann leichtere) und lass deine Mitschüler den Begriff erraten. Wie viele Hinweise brauchen sie?

Hinweise zu den Kopiervorlagen

KV Seite 35

Flaschenpost

Die Aufgaben auf diesem Arbeitsblatt kombinieren die Überprüfung der Textkenntnis mit einem kreativen Schreibanlass. Die Kinder lesen die Sätze zum Kapitel und entscheiden, ob sie wahr oder falsch sind. Bei Unsicherheiten nehmen sie die Lektüre zu Hilfe. So üben sie außerdem das Beleglesen.

Für die zweite Aufgabe finden sich die Schüler in kleinen Gruppen zusammen und verfassen selbst eine Flaschenpost – als Brief oder Rätsel (z. B. mit Hinweisen zu einem Homonym). Die Botschaft können sie im Anschluss mit einer ihrer eigenen oder der Schuladresse versehen und in einem nahe gelegenen Fluss oder Bach losschicken.

Lösung

Aufgabe 1:

	wahr	falsch
1. Kilian hofft, dass sie Limonade finden.	X	
2. Stella haut so heftig auf den Tisch, dass das Windlicht wackelt.		X
3. Das nächste Rätsel ist in der Kaffeekanne versteckt.		X
4. Einige Stinkwanzen krabbeln bis zu Max' Hand hoch.	X	
5. In der Hütte gibt es keine Toilette.	X	
6. Vom Boden hört Kilian ein schmatzendes Geräusch.		X
7. In der Hütte stinkt es nun auch nach Stinkwanzen.	X	

Lösungswort: GESTANK

Aufgabe 2:
individuelle Lösung

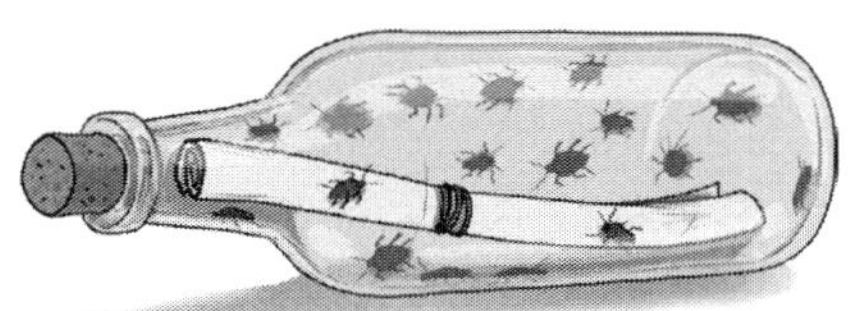

Weiterführende Anregung

Die Kinder recherchieren genauer, wozu eine Flaschenpost früher verschickt wurde und in welchen Bereichen man sie heute noch einsetzt. So wird sie zum Beispiel – in Form einer Treibboje – in der Wissenschaft genutzt. Die Boje driftet durchs Meer und speichert auf ihrem Weg Daten zu Meeresströmung, Wassertemperatur oder Salzgehalt. Diese übermittelt sie meist per Satellit an eine Forschungsstation auf dem Festland.

KV Seite 36

Streng geheim!

Diese Kopiervorlage bietet eine Anleitung zum Schreiben einer Geheimbotschaft mit einfachsten Mitteln. Das Entschlüsseln der Nachricht sollte aber unbedingt unter Aufsicht eines Erwachsenen stattfinden, da hierzu Feuer benötigt wird.

Mit allen Sinnen

Auf dem Arbeitsblatt vervollständigen die Schüler den Lückentext, der verdeutlicht, wie intensiv die Protagonisten ihre Umgebung mit verschiedenen Sinnen wahrnehmen. Im nächsten Schritt setzen die Kinder die Verben in den Infinitiv und ordnen sie dem passenden Sinn zu. Sammeln Sie an der Tafel oder am Whiteboard weitere Verben. Anschließend erstellen die Schüler eine Tabelle zu den fünf Sinnen in ihrem Heft und tragen die gefundenen Wörter in die richtige Spalte ein.

Lösung

Aufgabe 1:

Max späht unter die Kommode. „Da ist es stockdunkel, ich seh nix."

Lotta bringt ihm das Windlicht. Im Schein der Kerze schaut er noch einmal nach. „Ja, hier ist sie!", ruft er, greift unter die Kommode und rollt die Flasche hervor. Erschrocken lässt er seinen Fund los. „Da drin bewegt sich was."

„Stinkwanzen", erkennt Max. Vorsichtig schüttelt er die Wanzen aus ihrem Glasgefängnis.

Als Kilian die Flasche zur Seite stellt, übersieht er eine der Wanzen. Der Panzer des Tiers bricht mit einem deutlichen Knacken.

„Bäh! Wie widerlich stinkt das denn?!" Stella hält sich die Nase zu.

„Na toll", jammert Stella. „Kein Klo, nichts zu essen, nichts zu trinken und dazu noch dieser fürchterliche Gestank."

„Was schmatzt da eigentlich in der Wand?", wundert sich Max.

Kilian lauscht. „Gute Frage. Vom Boden hör ich ein Gurgeln."

„Das klingt ja fast, als wollte die Hütte uns fressen."

Aufgabe 2:

hören	riechen	schmecken	tasten	sehen
lauschen	stinken	essen	greifen	spähen
klingen		trinken	schütteln	schauen
		fressen		erkennen

KV Seite 38

Ein Streit mit Folgen

Auf Seite 49 der Lektüre eskaliert eine Auseinandersetzung zwischen Max und Kilian und das Windlicht geht zu Bruch. Die Schüler beschäftigen sich anhand der Kopiervorlage mit dieser wichtigen Szene. In Aufgabe 2 versetzen sie sich in Kilians Lage und versuchen nachzuvollziehen, welche Aussage zu seinem Sinneswandel geführt haben könnte.

Lösung

Aufgabe 1:

Empört springt Kilian auf. Dabei wischt er versehentlich das Windlicht vom Tisch.

Aufgabe 2:

„Ich bin sicher, irgendwann wirst auch du vor Hunger und Durst heulen."

Aufgabe 3:

Kilian wird bewusst, dass er unvorsichtig gehandelt hat und das auch für ihn Folgen haben kann. Wegen seines Verhaltens ist ihre wichtigste Lichtquelle erloschen. Jetzt haben sie kaum noch eine Chance zu entkommen.

Weiterführende Anregung

Besprechen Sie mit den Kindern, wie man bei einem Streit vermitteln kann. Was ist verletzendes Verhalten (Beleidigungen, Vorwürfe) und wie streitet man konstruktiv (Ich-Botschaften, über eigene Wünsche und Gefühle sprechen)? Wenn es Streitschlichter an Ihrer Schule gibt, können Sie diese in Ihren Unterricht einladen, sodass Ihre Schüler lernen, Meinungsverschiedenheiten sachlich auszutragen.

Die Zahlencode-Geheimschrift

Diese Geheimschrift ist leicht nachvollziehbar und motivierend. Die Kopiervorlage knüpft direkt an das Rätsel auf Seite 76 der Lektüre an und bietet darüber hinaus Möglichkeiten, mit dem Zahlencode zu experimentieren. Zudem wird in Aufgabe 2 die Frage aufgegriffen, wer hinter den Rätseln der Gruselhütte steckt. Erklären Sie bei Bedarf anhand von Beispielen (Karla Kolumna, der Fischhändler Verleihnix, Daniel Düsentrieb etc.), was ein sprechender Name ist. In der dritten Aufgabe denken sich die Kinder Rechnungen zu den einzelnen Buchstaben des Namens aus.

Seite 33 – 37, Seite 65 – 68 und Seite 21 – 25
Ein gefährlicher Mitbewohner

Inhalt

Die vier eilen zur Kommode und werden aufs Neue „tierisch" erschreckt: Eine Schlange kommt heraus und verschwindet in die Dunkelheit. Nach kurzem Zögern wagt Kilian einen zweiten Blick in das Möbelstück und entdeckt ein Kästchen. Darin liegt eine Spinne aus Pappe. Auf der Unterseite des Behältnisses ist ein Kreis zu sehen.

Als Max mit dem Schürhaken das Holz im Korb inspiziert, kommt die Schlange aus ihrem Versteck hinterm Ofen hervor und entwischt in eine andere dunkle Ecke. Vor Schreck springt Stella auf ihren Stuhl. Max kann sie jedoch wieder beruhigen, indem er ihr erklärt, dass Schlangen menschenscheu sind. Er holt die Holzscheite, die leider keinen Hinweis aufzeigen. Doch unten im Korb findet Lotta einen Zettel mit Punkten und Zahlen.

Max untersucht die ausgestopfte Eule und entdeckt in ihrem Gefieder einige Papierschnipsel. Die Kinder erkennen, dass es sich um Teile eines Puzzles handelt. Dann erlischt plötzlich die Kerze. Im Schein des Handydisplays macht Kilian die restlichen Papierfetzen an dem Vogel ausfindig, um das Rätsel zu lösen.

Hinweise und Lösungen zu den Rätseln

- Rätsel Seite 37: Den Kreis haben Ihre Schüler vielleicht schon außen auf der vorderen Buchklappe aufgespürt. Nun müssen sie die Spinne ausschneiden. Geben Sie ihnen den Tipp, dass sie möglichst eng am Bild schneiden sollen. Wenn sie die Spinne nun auf den Kreis legen, zeigen die Beine in der richtigen Position – der Kopf der Spinne schaut nach rechts oben, ihr unteres rechtes Bein deutet auf das „K" – auf die Buchstaben, die das Wort „Holzkorb" ergeben (Code H8).

- Rätsel Seite 68: Die Punkte ergeben – in der korrekten Zahlenfolge verbunden – das Tangram einer Eule. Wenn die Kinder nicht sofort erkennen, um was es sich bei der Abbildung handelt, können Sie ihnen verraten, dass sie sich genau im Hütteninneren umschauen müssen. Die Lösung „Eule" führt zu Code E4.
- Rätsel Seite 25: Schneidet man die Teile aus und setzt sie richtig zusammen, kann man folgenden Spruch entziffern: „Teppich ist das nächste Wort, das dich fortbringt von dem Ort. Such in tiefer Dunkelheit dort den Ort, der dich befreit." Das gesuchte Wort ist demnach „Teppich", der Code T7.

Gesprächs- und Schreibanlässe

Die Stimmung unter den Kindern ist nicht mehr so gereizt wie zu Beginn. (Seite 35)

- An welchen Stellen im Text bemerkst du das?
- Warst du auch schon einmal in einer ähnlichen Situation: Zuerst mochtest du jemanden nicht, fandest ihn dann aber doch sympathisch? Erzähle.

Auf Seite 65 heißt es: „Reptilien suchen die Wärme."

- Warum ist das so?
- Nenne weitere Tiere, die zu den Reptilien gehören.

Hinweise zu den Kopiervorlagen

Spinne aus Styroporkugeln

An Spinnen scheiden sich die Geister. Die einen ekeln sich vor ihnen, die anderen sind fasziniert von den kleinen Tierchen. Vor allem aber dürfen die achtbeinigen Wesen in keiner Gruselgeschichte fehlen. Sie eignen sich auch als lustig-schaurige Deko für das nächste (Halloween-)Fest. Die Kopiervorlage lädt Ihre Schüler dazu ein, ihre eigene „Gruselspinne" zu basteln. Dabei sind der Fantasie keine Grenzen gesetzt. Sie können die Gestaltung auch variieren, indem Sie Pfeifenputzer und Textilfarbe in unterschiedlichen Farbtönen zur Verfügung stellen. Die Ergebnisse werden am Ende in einer Ausstellung präsentiert.

Achtung, Gefahr!

Die Kopiervorlage thematisiert, welche Risiken die Hütte birgt. Dabei müssen die Schüler zwischen echten Gefahren und unbegründeten Sorgen unterscheiden. So ist die persönliche Angst vor Spinnen zwar berechtigt, die Spinnentiere in dieser Geschichte sind jedoch nicht gefährlich.

Lösung

Aufgabe 1:

Die Kerze brennt immer weiter runter.
Der Dachbalken ist angeknackst.
Kilian kommt eine Schlange entgegen.

Aufgabe 2:

Ohne Licht ist die Lösung der Rätsel gefährdet und die Kinder sind den anderen Gefahren weiterhin ausgesetzt.
Im schlimmsten Fall drohen sie in der Hütte zu verdursten.
Der Dachbalken könnte herabstürzen und die Kinder ernsthaft verletzen.
Bei der Schlange handelt es sich womöglich um eine giftige Kreuzotter.

Tierische Gesellschaft

Durch ein motivierendes Kreuzworträtsel setzen sich Ihre Schüler hier spielerisch mit den Tieren auseinander, mit denen sich die vier Protagonisten die Hütte teilen. In der zweiten Aufgabe stellen sie dann fest, dass nur von einem Tier, nämlich der Schlange, eine echte Gefahr ausgeht.

Lösung

Aufgabe 1:

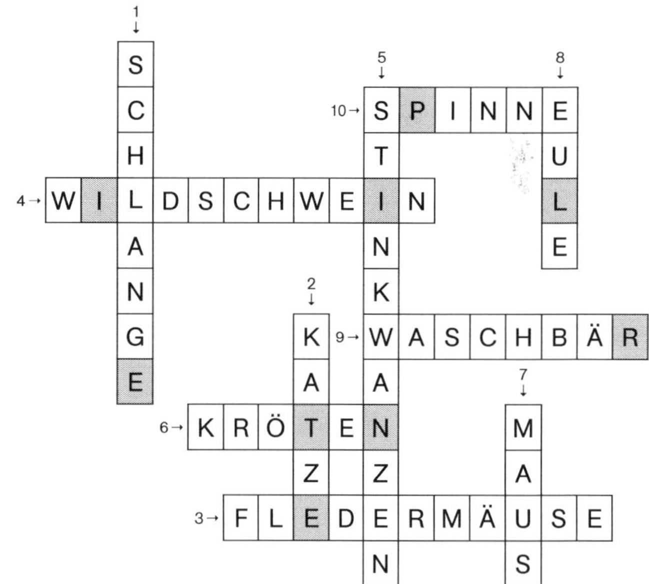

Lösungswort: REPTILIEN

Aufgabe 2:

Die Schlange ist gefährlich, weil es sich um eine giftige Kreuzotter handeln könnte.

Erfinder gesucht

Die große Frage nach dem Rätselsteller beschäftigt nicht nur die vier Protagonisten, sondern sicher auch die Leser. Dieses Mysterium trägt wesentlich zur Spannung bei. Deshalb ist es reizvoll, sich nähere Gedanken zu dem Erfinder zu machen. Zunächst rekapitulieren die Schüler, welche Vermutungen die Kinder im Roman angestellt haben. Dann denken sie sich selbst einen möglichen Erfinder aus. Besonders interessant wird es, wenn es darum geht, für wen die Rätsel gedacht sind und was das angestrebte Ziel ist.

Kommen Sie am Ende des Buches noch einmal auf diese Kopiervorlage zurück. Die Schüler können dann ihre Ideen mit dem tatsächlichen Erfinder vergleichen.

Lösung
Aufgabe 1:
1. Ein Verrückter hat sich die ganzen Rätsel ausgedacht. (Seite 22, Seite 34/35, Seite 73)
2. Ein Fernsehteam mit versteckter Kamera steckt hinter den Einfällen der Gruselhütte. (Seite 73)

Aufgabe 2:
individuelle Lösung

Seite 87–95
Weg in die Freiheit

Inhalt

Die Kinder haben das letzte Rätsel geknackt. Als sie den Teppich unter der Holzbank beiseiteschaffen, kommt eine Falltür zum Vorschein. Unter ihr führt eine Treppe in einen düsteren Gang. Die vier packen ihre Sachen zusammen. Mit einem mulmigen Gefühl steigen sie in den Gang hinab, an dessen Ende durch Holzbretter Licht dringt. Max öffnet den Ausgang und nacheinander krabbeln alle ins Freie.

Nachdem sie über drei Stunden in der Hütte gefangen waren, stehen sie nun unversehrt im Wald. Da sich das Gewitter mittlerweile verzogen hat, kann sich Max am Stand der Sonne orientieren. Die Kinder suchen sich ihren Weg durch den Wald und erkennen währenddessen, dass jeder mit seinen Fähigkeiten einen wichtigen Beitrag zu ihrer Befreiung geleistet hat. Am Ende finden sie den Waldparkplatz und Lotta ruft ihren Vater an, der sie umgehend abholt. Auf der Heimfahrt erzählen ihm die Kinder von ihrem Abenteuer in der Gruselhütte.

Am Montag erfahren Max und Lotta in der Schule, für wen das unheimliche Spiel eigentlich geplant war: Es sollte eine Geburtstagsüberraschung für Eliah, einen Jungen aus Max' Wandergruppe, sein. Dessen Vater – ein Autor von Gruselbüchern und Gedichten – hat sich die ganzen Rätsel ausgedacht.

Gesprächs- und Schreibanlässe

Auf dem Weg durch den Wald sprechen die Kinder über ihre Talente. (Seite 91)
- Was kannst du besonders gut?
- Worin wärst du gern besser und warum?

Eliah erwartet eine gruselige Geburtstagsüberraschung. (Seite 94)
- Wie wird er wohl reagieren?
- Was kann Eliahs Vater an seiner Idee noch verbessern?
- Würdest du Eliah und seine Geburtstagsgäste an Lottas und Max' Stelle warnen? Warum (nicht)?
- Würdest du gern so eine Überraschung bekommen? Begründe deine Antwort.
- Hast du selbst schon einmal bei einer unheimlichen Schnitzeljagd mitgemacht? Erzähle.

Hinweise zu den Kopiervorlagen

Freiheit in Sicht?
Die Fragen der ersten Aufgabe dienen der Überprüfung der Textkenntnis. Mithilfe des folgenden Arbeitsauftrags trainieren die Schüler ihre Ausdrucksfähigkeit, indem sie Sätze mit den vorgegebenen Adjektiven bilden.

Lösung
Aufgabe 1:
1. Der Gang ist dunkel und es riecht modrig. Er ist sehr niedrig, sodass die Kinder darin nicht aufrecht stehen können. Eine glitschige Steintreppe führt hinunter.
2. Stella hat Angst vor der Schlange, die kurz zuvor in den Gang hinabgeglitten ist.
3. Der Akku von Kilians Handy ist leer und das Gerät spendet ihnen kein Licht mehr.
4. An der Decke des unterirdischen Gangs befindet sich eine Falltür, die Max nach oben stemmen kann.

Aufgabe 2:
z. B. Die vier sind glücklich und fallen sich ausgelassen in die Arme. Sie sind erleichtert, dass sie ihrem Gefängnis entkommen sind. Die Kinder fühlen sich nach ihrem Abenteuer verbunden, aber auch erschöpft und durstig.

KV Seite 45

Jeder hat andere Talente

Jeder der Protagonisten zeichnet sich durch bestimmte Talente aus. Die Schüler ordnen die Fähigkeiten mittels der Kopiervorlage zu. Danach überlegen sie, welches ihrer Talente sie selbst in der Gruselhütte hätten einbringen können.

Lösung
Aufgabe 1:
Max findet sich in der Natur auch ohne GPS zurecht.
Stella malt und zeichnet sehr gut.
Lotta weiß viel über Pflanzen.
Kilian ist ein Rechenprofi.
Max weiß, wie man einheizt.
Kilian kennt sich mit Technik aus.
Lotta bewahrt in gefährlichen Situationen einen kühlen Kopf.

Aufgabe 2:
individuelle Antwort

Weiterführende Anregungen

- Bereiten Sie farbige Tonkartons in Wolkenform vor und teilen Sie jedem Kind ein Blatt aus. Die Schüler schreiben nun ein Kompliment an ihre Sitznachbarin oder ihren Sitznachbarn auf die Wolke. Dabei sollten sie mit dem Namen der Person beginnen, damit das Geschriebene auch später noch zugeordnet werden kann. Sammeln Sie die Blätter mit den Komplimenten ein und hängen Sie sie an einer Schnur im Klassenzimmer auf oder kleben Sie sie auf ein großes Plakat.
- Erstellen Sie gemeinsam eine Liste mit Komplimenten. Einmal am Tag oder einmal pro Woche können Sie dann einen bestimmten Teil der Stunde dafür nutzen, dass sich die Kinder gegenseitig Komplimente machen. Dabei sollte darauf geachtet werden, dass jeder an die Reihe kommt. Am besten lassen Sie die Schüler Zettel mit Namen ziehen.

KV Seite 46

Gemeinsam statt einsam

Im letzten Kapitel wird klar: Die Beziehungen der Protagonisten untereinander haben sich drastisch verändert. Waren die Kinder am Anfang des Buches noch zerstritten, so entfliehen sie der Gruselhütte schließlich mit einem gestärkten Wir-Gefühl. Diese innere Wandlung sollen die Schüler mithilfe des Arbeitsblatts reflektieren und ihre Gedanken dazu verschriftlichen. Auf diese Weise vollziehen sie die Entwicklung der Figuren nach, beweisen ihre Textkenntnis und üben das Beleglesen.

Die letzte Aufgabe beleuchtet die wörtliche und übertragene Bedeutung des Wortes „zusammengeschweißt" und macht deutlich, wie fest dieses Abenteuer die Kinder miteinander verbindet.

Lösung
Aufgabe 1:
Zu Beginn haben sich die Geschwister untereinander gut verstanden. Aber mit den Cousins und Cousinen gab es häufig Streit. Nun sind alle vier ein tolles Team.

Aufgabe 2:
z. B. Während sie warten, schmieden die Kinder Pläne für ihr nächstes Treffen. (Seite 92)
Aber dieses Abenteuer hat die vier auch zusammengeschweißt. (Seite 92)
Am Sonntagabend sind die Cousins und Cousinen ein bisschen traurig, dass sie sich verabschieden müssen. (Seite 93)

Aufgabe 3:
Wörtliche Bedeutung: Zwei Rohre werden durch Schweißen fest zusammengefügt.
Übertragene Bedeutung: Menschen werden durch besondere gemeinsame Erlebnisse miteinander verbunden.

KV Seite 47

Ein gruseliges Geschenk

In Form eines Briefes rekapitulieren die Schüler, wer sich die Gruselhütte ausgedacht hat und wie es zu den Ereignissen kam. Außerdem machen sie sich bewusst, was bei einem erneuten Escape-Spiel in dem Holzhaus zu berücksichtigen ist.

Lösung
Aufgabe 1:
z. B. Liebe Stella,
lieber Kilian,
stellt euch vor, was wir heute Mittag herausgefunden haben! Wir sind gerade aus dem Schulgebäude gegangen, da haben wir Eliah getroffen. Er hat erzählt, dass sein Vater eine gruselige Überraschung zum Geburtstag für ihn vor-

bereitet hatte – in der Nähe vom Bärensee. Eliahs Vater schreibt Gruselbücher und Gedichte. Er hat sich die Rätsel für die Gruselhütte ausgedacht! Wir haben ihm natürlich sofort erklärt, dass er jetzt einiges an der Hütte ausbessern muss. Hoffentlich haben Eliah und seine Freunde genauso starke Nerven wie wir!
Viele Grüße
Lotta und Max

Aufgabe 2:
1. Alle Hinweise und Rätsel müssen wieder neu platziert werden.
2. Das Dach sollte repariert werden.
3. Spätestens nach drei Stunden geht das Licht aus.

Nach der Lektüre

Greifen Sie das Prinzip der Escape-Rooms zum Abschluss der Lektürearbeit noch einmal auf. Bestimmt haben die Kinder nun auch Lust darauf, ihr Klassenzimmer in einen Escape-Room zu verwandeln und sich Rätsel für ihre Mitschüler auszudenken.

Eine Schnitzeljagd vereint Spaß, Spiel und Spannung mit viel Bewegung. Die Kinder können in kleinen Gruppen oder mit einem Partner ihrer Wahl die Aufgaben lösen, die sie schrittweise dem Ziel – der Befreiung – näher bringen.

Hinweise zur Kopiervorlage

Schnitzeljagd im Klassenzimmer
Praktische Tipps und Tricks, um das Klassenzimmer in einen Escape-Room zu verwandeln, sind auf diesem Arbeitsblatt versammelt. Die Umsetzung einer solchen Aktion bietet sich beispielsweise im Rahmen eines Projekttags an.

Betrachten Sie eine Schnitzeljagd nicht als reine Spaßveranstaltung für Ihre Schüler, sondern berücksichtigen Sie auch den pädagogischen Mehrwert. Die Kinder lernen dabei,
… Anleitungen und Arbeitsaufträge genau zu formulieren und zu lesen.
… sich über einen längeren Zeitraum einem Sachverhalt konzentriert zu widmen.
… im Team eine Aufgabe zu lösen, zu diskutieren, sich zu einigen und sich an getroffene Absprachen zu halten.
… die Stärken jedes Einzelnen zu erkennen und einzusetzen – und gegebenenfalls auch einmal die eigenen Interessen zugunsten des Gruppenziels zurückzustellen.
… Schlussfolgerungen zu ziehen und um die Ecke zu denken.
… ihre Frustrationstoleranz zu steigern.
… zu schätzen, zu kombinieren und Wahrscheinlichkeiten einzuordnen.

Schulhaus-Rallye:

Verzählt noch mal!

Über ZWANZIG Schüler sind im Raum und doch tun alle nur EINS:
SECHS Gruppen knobeln.
Bestimmt braucht ihr dafür mehr als FÜNF Minuten!
Ob ihr es schafft, bevor es zur ZWÖLFten Stunde schlägt?

Lösungswort: | | | | | |

Schulhaus-Rallye:

Tierisch knifflig!

Den nächsten Hinweis findet ihr auf dem ____________.

Schulhaus-Rallye:

Spieglein, Spieglein!

ABRAKADABRA,SIMSALABIM!
WÖCHENTLICH SEID IHR MEHRMALS DRIN.
ZAUBERSTAB, ZYLINDERHUT,
ZAUBERGEISTER, HELFT JETZT GUT!
LIRUM, LARUM, LÖFFELSTIEL,
WER RENNT UND TURNT, DER WEISS NUN VIEL.
HOKUSPOKUS FIDIBUS, GESPANNT SIND ALLE.
DES RÄTSELS LÖSUNG FINDET IHR IN DER …

!

Schulhaus-Rallye:

Alles auf Anfang!

Packt's an, ihr Räuber,
auf zum letzten Abenteuer.
Unser aller Ziel ist nah,
schon bald seid ihr da!
Ein letztes Rätsel müsst ihr knacken,
nun die Gelegenheit beim Schopfe packen!
Haltet durch, sonst war alles für die Katz'!
Oh – jetzt geht's ratzfatz!
Findet euren Schatz!

Hier ist euer Schatz versteckt:

Name:

Mein Lesetagebuch

Kapitel: ____________________

gelesen am: ________________

Lösungswort des Kapitelrätsels: ________________________

- [ ] Dieses Rätsel habe ich ohne fremde Hilfe gelöst.
- [ ] Den Code habe ich nach einem Tipp knacken können.
- [ ] Die Lösung des Rätsels habe ich hinten im Buch nachgeschaut.

Das fand ich besonders interessant / lustig / aufregend:

____

____

____

____

Das habe ich nicht verstanden:

____

____

____

Mein Lieblingszitat:

____

____

Meine Bewertung:

Name:

lesen **schreiben** malen / basteln rätseln rechnen

Die Hauptfiguren

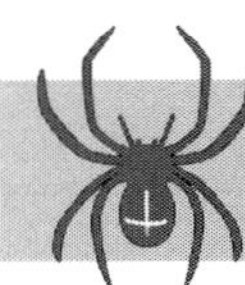

Wie sind die Kinder miteinander verwandt? Beschrifte das Schaubild.

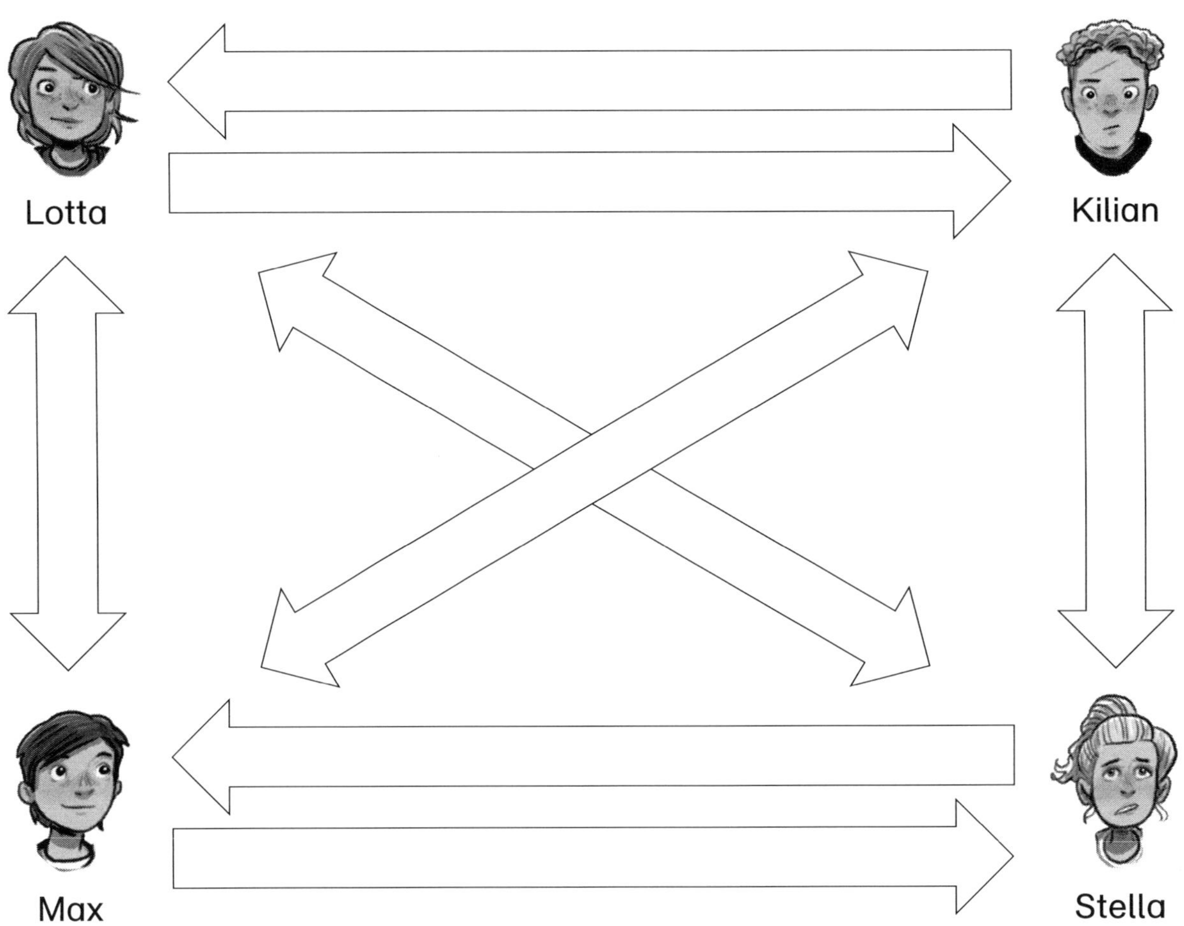

Suche dir eines der Kinder aus und schreibe auf, was du über es weißt.

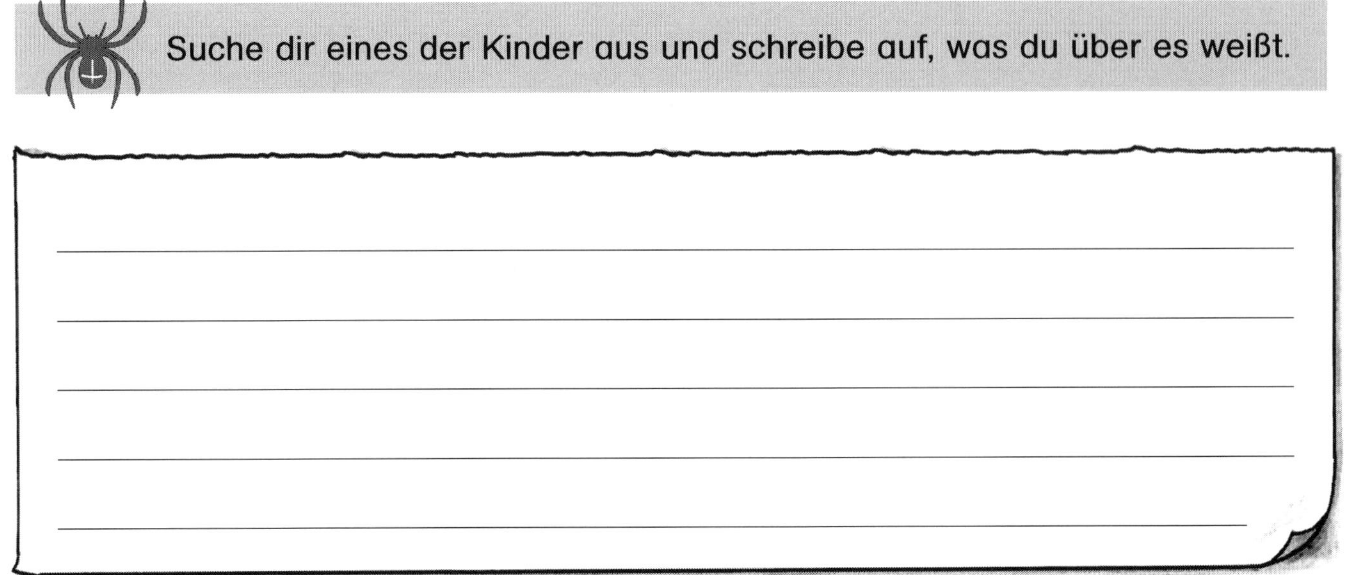

  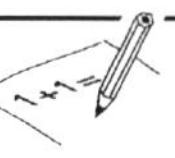

Name:

lesen **schreiben** malen/basteln rätseln rechnen

Hänsel und Gretel

Was stimmt? Kreuze die richtigen Antworten an.

☐ An diesem Wochenende will Lottas und Max' Vater mit den Kindern an einen Badeweiher im Wald fahren.

☐ Alle vier Kinder sind von dem Vorschlag des Vaters begeistert und freuen sich auf den Ausflug.

☐ Auf dem Weg zum See gibt es einen Stau. Der Vater biegt deshalb in einen holprigen Forstweg ab.

☐ Bald kommen sie nicht mehr weiter, denn ein großer Baumstamm blockiert die Straße.

☐ Der Vater setzt die Kinder im Wald aus und fährt nach Hause.

☐ Die Kinder sollen am Nachmittag wieder abgeholt werden.

Lies die Aussage von Kilian. Was meint er damit? Notiere deine Erklärung.

Ihr könnt ja Hänsel und Gretel spielen.

____

____

____

____

____

____

Kilian findet sich ohne Smartphone und GPS nicht mehr zurecht.

Wie kann man sich in der Natur noch orientieren? Nenne drei Beispiele.

1. ______________________________

2. ______________________________

3. ______________________________

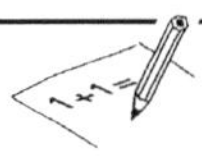

Name:

lesen | schreiben | malen / basteln | rätseln | rechnen

Breitwegerich und Co.

Im 1. Kapitel pflückt Lotta Breitwegerich. Damit möchte sie ihrer Cousine Stella helfen, der die Füße vom Laufen wehtun.

Informiere dich über den Breitwegerich. Beschreibe sein Aussehen und seine Wirkung. Zeichne dann die Pflanze.

Breitwegerich

____

____

____

____

____

____

____

Es gibt noch viele weitere Heilpflanzen. Recherchiere Wirkung und Aussehen der folgenden drei Gewächse und ordne richtig zu.

Löwenzahn •	• ... werden gern bei Hautproblemen verwendet und wirken schmerzlindernd bei Prellungen und Verstauchungen. •	• 
Gänseblümchen •	• ... bekämpfen hartnäckigen Husten und Schnupfen. •	• 
Schlüsselblumen •	• ... hilft bei Verdauungsstörungen und Appetitlosigkeit. •	• 

Name:

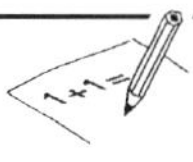

lesen schreiben malen / basteln rätseln rechnen

Verblitzt und zugenäht!

Füge die passenden Nomen in die Lücken ein.

Wetter | Bärensee | Unterstand | Wegmarkierungen | Beschimpfungen | Richtung | Ärger | Lösung | Dämmerung | Holperpfade | Angst | Gestrüpp

Der Himmel hat sich inzwischen vollkommen verdüstert, sodass die Kinder in der ______________ kaum noch etwas erkennen können. Das ______________ wird immer stürmischer und regnerischer. Blitz und Donner machen ihnen zusätzlich ______________. Max wird klar: Sie brauchen unbedingt einen ______________. Orientierungslos und verzweifelt irren die vier durch das ______________. Max und Lotta gehen voraus und suchen nach ______________ – leider vergebens. Kilian und Stella können ihnen kaum folgen, denn die beiden sind längere Fußmärsche über ______________ nicht gewohnt.

Bald fangen die Kinder an zu streiten. Dabei stellt sich heraus: Sie sind die ganze Zeit in die falsche ______________ gegangen. Kilian hat den ______________ mit dem Weidensee verwechselt! Max und Lotta schlucken ihren ______________ herunter, denn sie wissen: Jetzt helfen ______________ nicht weiter. Sie müssen zusammenhalten. Nur gemeinsam können sie eine ______________ finden!

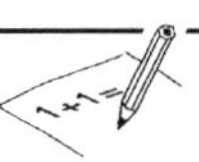

Name:

lesen | schreiben | malen / basteln | rätseln | rechnen

Blitzrechnen

Lies den Text.

Meistens siehst du bei einem Gewitter zuerst den Blitz und hörst kurz darauf den Donner. Dabei blitzt und donnert es eigentlich zur selben Zeit! Weil aber das Licht schneller ist als der Schall, haben wir das Gefühl, der Blitz komme vor dem Donner. Doch wie weit ist ein Gewitter eigentlich weg, wenn man das Grollen hört? Das kannst du einfach ausrechnen. Zähle die Sekunden zwischen Blitz und Donner. Vergehen nach dem Blitz zum Beispiel 5 Sekunden, bis es kracht, rechnest du: 5 mal 333 Meter. Das sind 1665 Meter. Du weißt dann also: Das Gewitter ist noch ungefähr eineinhalb Kilometer entfernt. Wenn du das Ganze wiederholst, kannst du herausfinden, ob das Gewitter abzieht oder ob es näher kommt und du schnell einen sicheren Platz aufsuchen musst.

Wie weit ist das Gewitter entfernt, wenn zwischen Blitz und Donner zwölf Sekunden liegen? Rechne.

Antwort: Das Gewitter ist __________ Meter, also circa ___ Kilometer, entfernt.

Worauf muss man achten, falls man in der Natur von einem Gewitter überrascht wird? Notiere Stichpunkte.

____

____

____

____

Name:

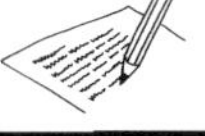

lesen **schreiben** malen/basteln rätseln rechnen

In Sicherheit?

Endlich entdecken die Kinder eine Hütte. Zuerst sind die vier erleichtert. Doch dann erleben sie eine Überraschung.

Wie stellen sich die Kinder das Häuschen wohl vor? Kreise die passenden Adjektive grün ein.

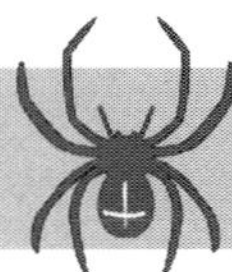

Wie ist es tatsächlich in der Hütte? Male die richtigen Begriffe rot an.

dunkel

gemütlich

warm

entmutigt

gruselig

trocken

kraftlos

kalt

sicher

verzweifelt

gespenstisch

erschrocken

Wie fühlen sich die Kinder, als die Tür hinter ihnen zufällt und sie eingesperrt sind? Schreibe mit den übrigen Adjektiven ganze Sätze.

Name:

lesen

schreiben

malen / basteln
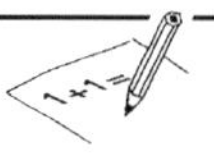
rätseln
rechnen

So ein Chaos!

Die vier sind eingesperrt in einer gruseligen Hütte und müssen erst einmal ihre Gedanken sortieren. Auch auf diesem Blatt ist einiges durcheinandergeraten.

Schneide die Textstreifen aus und bringe sie in die richtige Reihenfolge. Das Bild hilft dir, das nächste Rätsel zu lösen.

✂

„Hm“, brummt Max und starrt eingeschnappt auf die Lampe. Da macht er eine Entdeckung: „Auf dem Glas ist ein Pfeil. Ob der etwas zu bedeuten hat?“

„Der Akku könnte gerade noch reichen“, erwidert Kilian. „Was hast du vor?“

„Auch das noch!“, stöhnt Kilian. „Hätte euer Vater nicht die blöde Idee mit dem See gehabt …“

Sie hält das Smartphone nach oben und macht ein Foto. „Hat geklappt“, freut sie sich und springt vom Tisch.

Max schiebt sich eine Salzbrezel in den Mund. Nachdenklich schaut er auf das Windlicht. „Die Kerze reicht höchstens drei oder vier Stunden. Danach ist es dunkel in der Bude.“

„Das schau ich mir mal näher an.“ Gewandt klettert sie auf den Tisch. „Hm, da hat jemand was hingekritzelt“, bemerkt sie. „Funktioniert die Kamera von Stellas Handy noch?“

„Leute, das bringt nichts“, entgegnet Lotta. „Wenn wir uns streiten, kommen wir nie hier weg.“

„Der zeigt nach oben.“ Lotta legt den Kopf in den Nacken. Das Licht wirft einen hellen Schein auf die Holzdecke.

Name:

lesen **schreiben** malen/basteln rätseln rechnen

Auf Fehlersuche

In den Text haben sich einige Fehler eingeschlichen. Markiere sie und schreibe jeweils das richtige Wort darüber.

„Stopp!", schaltet Stella sich ein. „Was, wenn da ein Hinweis versteckt ist?" Sie schnappt sich das Windlicht vom Tisch. Im Kerzenschein kontrolliert sie den Heizkörper von allen Seiten. Nichts. Am Rohr? Fehlanzeige. Sie öffnet die Tür. Nur Flammen. Enttäuscht zuckt sie mit den Schultern. „Schade. War wohl nicht der Ofen gemeint."

„Dann mach ich jetzt Feuer", beschließt Max. „Sonst werden wir noch krank, mit unseren klammen Klamotten in der Kälte."

„Weißt du überhaupt, wie das geht?", fragt Kilian misstrauisch.

„Ja. Opa hat auch so einen Ofen. Er hat mir gezeigt, worauf man achten muss."

Max rüttelt am Gitter und die staubigen Brennrückstände fallen in den Aschekasten darunter. Dann stutzt er. „Was ist das denn?"

Was haben die falschen Wörter gemeinsam?
Vervollständige den Lösungssatz.

Alle Wörter haben einen ______________________________.

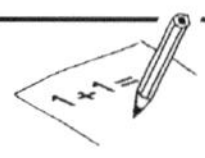

Name:

lesen **schreiben** malen/basteln **rätseln** rechnen

Buchstabensalat

Wie gut bist du im Lesen von Geheimschriften? Schau dir den folgenden Text genau an und notiere die entschlüsselte Botschaft.

ENWN DU ISENED ODCE NKAKSCT,
IBTS DU RDE LUNGÖS ZAGN HAN!

Lösung: ______________________________

____

____

Eine weitere Geheimschrift, die leicht zu erlernen ist, ist der Trenncode. Schreibe die Lösung auf. Ergänze auch die Satzzeichen. Erkläre dann, wie der Code funktioniert.

UNTE REINE MGRÜNE NSCHLEI
MVERBIRG TSIC HRÄTSELHAFTE RREI
MLÖ SDE NCOD EUN DD UWIRS TSEHE
NWELCHE NDECKE LD UMUSS THEBEN

Lösung: ______________________________

____

____

____

Erklärung: ______________________________

____

Denk dir eine eigene Geheimschrift aus und schreibe eine Botschaft in dein Heft. Gib diese dann deinem Partner zum Entschlüsseln.

Name:

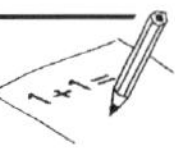

lesen **schreiben** malen / basteln rätseln rechnen

Eine Kiste voller Überraschungen

Hier stimmt was nicht. Was finden die Kinder tatsächlich in der Truhe? Notiere die richtigen Begriffe.

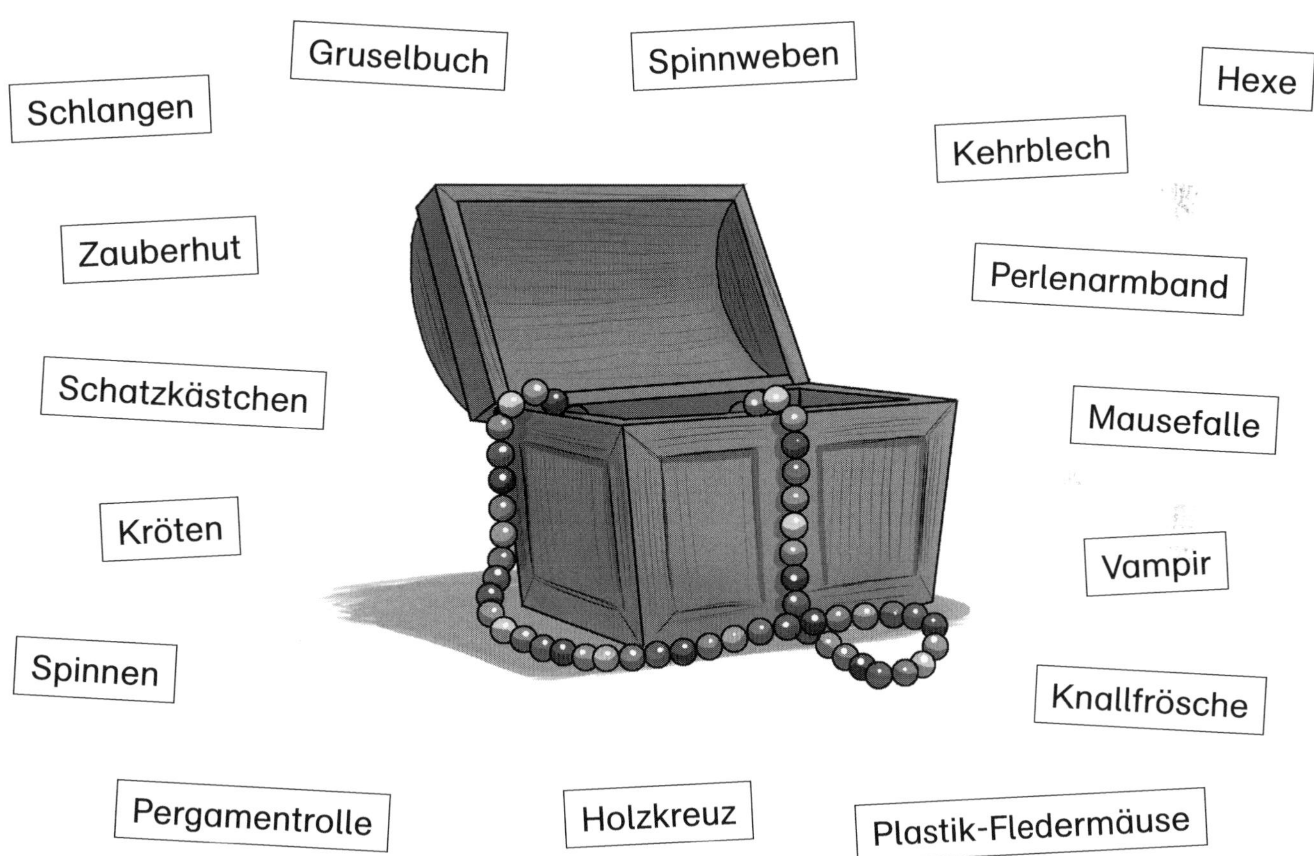

Wie knacken die Kinder das Zahlenschloss und wer hat die zündende Idee? Schreibe auf.

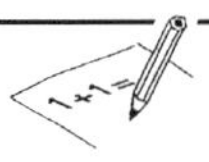

Name:

lesen **schreiben** malen/basteln **rätseln** rechnen

Gruseliges Gitterrätsel

In der Hütte wird es immer unheimlicher.

Finde die dreizehn Gruselbegriffe aus dem Text im Wortgitter. Kreise sie ein.

M	G	R	M	D	A	W	U	Z	G	E	S	P	E	N	S	T	I
O	H	J	I	K	P	G	Y	Ü	A	H	G	D	R	V	C	K	H
N	W	S	J	Z	E	R	E	J	G	C	B	N	O	L	P	Q	F
S	U	V	T	B	L	U	T	S	A	U	G	E	R	E	Ö	F	D
T	H	A	U	E	O	F	A	M	E	Ä	D	R	E	I	B	L	G
E	A	M	I	E	L	T	Z	S	P	I	N	N	E	N	V	E	R
R	B	P	A	G	A	H	F	S	E	G	V	I	H	R	Y	D	J
P	S	I	C	H	H	E	U	W	I	L	S	E	I	E	M	E	T
U	G	R	U	G	E	I	S	T	N	S	Ö	S	A	O	A	R	Y
M	A	T	A	I	X	T	E	T	O	J	L	A	L	E	U	M	Q
P	Z	P	H	W	E	E	R	U	N	B	E	R	Ü	H	G	Ä	L
E	B	A	M	B	I	S	Q	H	L	R	N	G	E	N	D	U	T
D	A	G	Ä	N	S	E	H	A	U	T	E	N	D	W	I	S	F
Q	T	I	M	C	Ü	W	D	V	E	G	R	Z	A	U	B	E	R
K	R	A	L	L	E	N	I	K	L	Ö	X	I	P	A	M	L	O

Monster

Vampir

Gruft

Sarg

Spinnen

Zauber

Fledermäuse

Hexe

Gänsehaut

Gespenst

Krallen

Geist

Blutsauger

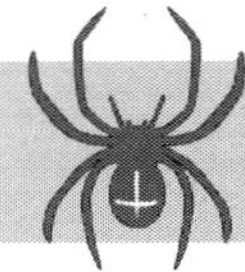

Wie will sich Lotta gegen den Vampir schützen? Schreibe auf.

___

___

Name:

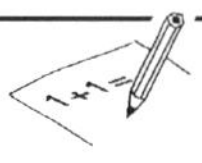

Augen auf!

Lies die Sätze und vergleiche sie mit dem Text auf den Seiten 59 bis 61. Kreise die richtigen fetten Wörter ein.

Dank des **Hinweises / Hauses** hat Stella bald herausgefunden, was die Farben der Perlen zu bedeuten haben.
„Super!" Lotta klopft Stella auf die Schulter und steht auf. „Dann suchen wir **dort / die** weiter."
Kilian verschränkt die Arme vor der Brust. „Ich mach gar nix mehr, wenn du **genau / immer** den Boss spielst."
Lotta streitet nicht gern. Oft ist sie diejenige, die schlichtet, wenn andere sich zanken. Doch Kilian geht ihr richtig auf **des / den** Keks. Von dem Stress und dem muffigen Gestank **in / auf** ihrem Gefängnis bekommt sogar sie schlechte Laune.
Auf dem kleinen **Fenster / Wandregal** gibt es verschiedene Dinge zu entdecken. Einige davon sind ziemlich unheimlich. Auf dem **obersten / offenen** Bord liegen zwei Holzbrettchen. Das **eine / achte** Täfelchen ist mit Buchstaben bemalt.

Die falschen Wörter bilden richtig sortiert einen Hinweis. Schreibe ihn auf. Achte dabei auf die Großschreibung am Satzanfang.

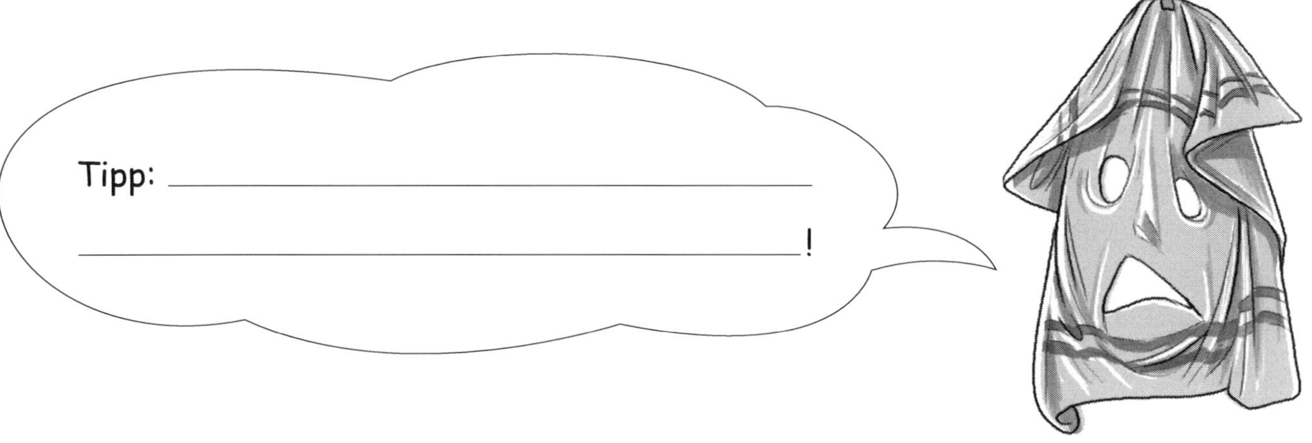

Name:

lesen **schreiben** malen/basteln rätseln rechnen

Angst und bange

Immer stärker pfeift der Wind durch die Ritzen der Hütte. Die Kinder sitzen ängstlich zusammen.

Lies Seite 15 bis 18. Wer sagt was? Verbinde.

Ob uns Papa wohl vermisst?

Wenn er durchbricht, stürzt das Dach auf uns runter.

Die glotzen, als würden sie sich gleich auf uns stürzen.

Kann der uns wegwehen?

Das ist ein Orkan!

Ein bisschen gruselig ist das schon.

Sammle fünf Ausdrücke, die körperliche Angstreaktionen beschreiben. Bilde mit jedem Ausdruck einen Satz über eines der Kinder, der zu dem Kapitel passt.

Beispiel: Lotta wird blass vor Angst, als sie den kaputten Balken sieht.

____

____

____

____

____

Name:

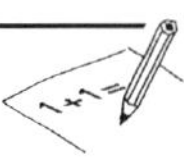

lesen **schreiben** malen/basteln rätseln rechnen

Flaschenpost

Wahr oder falsch? Markiere den richtigen Buchstaben farbig und notiere das Lösungswort.

	wahr	falsch
1. Kilian hofft, dass sie Limonade finden.	G	E
2. Stella haut so heftig auf den Tisch, dass das Windlicht wackelt.	C	E
3. Das nächste Rätsel ist in der Kaffeekanne versteckt.	K	S
4. Einige Stinkwanzen krabbeln bis zu Max' Hand hoch.	T	A
5. In der Hütte gibt es keine Toilette.	A	M
6. Vom Boden hört Kilian ein schmatzendes Geräusch.	I	N
7. In der Hütte müffelt es nun auch nach Stinkwanzen.	K	N

Lösungswort: 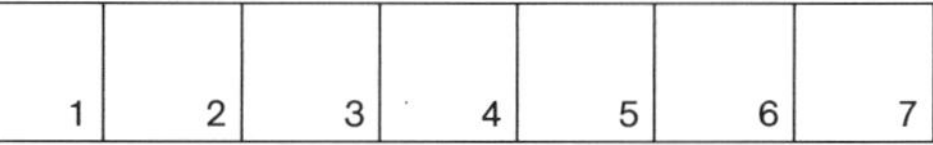

Früher haben zum Beispiel Schiffbrüchige eine Flaschenpost als Hilferuf verwendet. Heute wird sie meist aus Neugier verschickt. Man weiß nicht, wohin sie schwimmt und wer ihr Empfänger ist.

Verfasst eine eigene Flaschenpost und schickt sie auf die Reise.

✂

Streng geheim!

Schreibe deine eigene Geheimbotschaft.

Du brauchst:

- eine Zitrone
- einen Becher
- ein weißes Blatt Papier
- einen Pinsel
- ein Teelicht
- ein Feuerzeug oder Streichhölzer

Achtung, Feuer!
Bitte einen Erwachsenen um Hilfe und halte einen Eimer Wasser bereit, falls etwas zu brennen anfängt.

So geht's:

1. Presse die Zitrone aus und fülle den Saft in den Becher.
2. Der Zitronensaft ist deine Geheimtinte. Damit kannst du nun deine Botschaft auf das Blatt Papier pinseln.
3. Lass den Brief gut trocknen.
4. Verschicke deine Botschaft.

So wird deine geheime Nachricht sichtbar:
Halte das Blatt über das brennende Teelicht. Du musst es dicht an die Flamme führen. Bewege es dabei langsam hin und her. Im Licht der Kerze erscheint deine Botschaft. Aber Vorsicht: Das Papier soll nur warm werden und darf nicht anbrennen!
Statt mit einer brennenden Kerze kannst du das Papier auch mit einem Bügeleisen erhitzen.

Der Trick:
Die Säure im Zitronensaft schädigt die Fasern des Papiers. Deshalb verkohlt es schneller an den Stellen, an denen du die Säure aufgepinselt hast, und der Text wird lesbar.

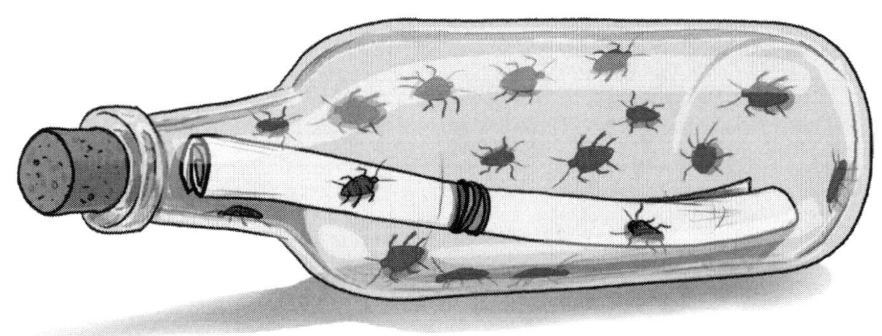

Name:

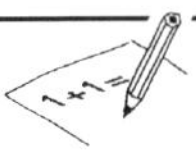

lesen **schreiben** malen / basteln rätseln rechnen

Mit allen Sinnen

Die vier Kinder nehmen ihre Umgebung in der Gruselhütte mit allen fünf Sinnen wahr.

Ergänze die Verben im Text. Lies auf den Seiten 82 bis 84 nach.

Max ______________ unter die Kommode. „Da ist es stockdunkel, ich seh nix."

Lotta bringt ihm das Windlicht. Im Schein der Kerze ______________ er noch einmal nach. „Ja, hier ist sie!", ruft er, ______________ unter die Kommode und rollt die Flasche hervor. Erschrocken lässt er seinen Fund los. „Da drin bewegt sich was."

„Stinkwanzen", ______________ Max. Vorsichtig ______________ er die Wanzen aus ihrem Glasgefängnis.

Als Kilian die Flasche zur Seite stellt, übersieht er eine der Wanzen. Der Panzer des Tiers bricht mit einem deutlichen Knacken.

„Bäh! Wie widerlich ______________ das denn?!" Stella hält sich die Nase zu.

„Na toll", jammert Stella. „Kein Klo, nichts zu ______________, nichts zu ______________ und dazu noch dieser fürchterliche Gestank."

„Was schmatzt da eigentlich in der Wand?", wundert sich Max.

Kilian ______________. „Gute Frage. Vom Boden hör ich ein Gurgeln."

„Das ______________ ja fast, als wollte die Hütte uns ______________."

Ordne die eingesetzten Verben dem jeweiligen Sinn zu und schreibe die Infinitivform in die passende Spalte.

hören	riechen	schmecken	tasten	sehen

Name:

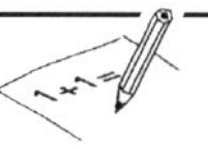

lesen **schreiben** malen/basteln rätseln rechnen

Ein Streit mit Folgen

Es kommt erneut zum Streit zwischen den Kindern. Diesmal hat die Auseinandersetzung allerdings ernste Folgen.

Was passiert, als Max Kilian vorwirft, gierig gewesen zu sein? Vervollständige den Satz.

Empört springt Kilian auf. Dabei ______________________________

____.

Welche Aussage eines anderen Kindes führt dazu, dass Kilian einlenkt und sich entschuldigt? Male die Sprechblase grün an.

Ich will endlich nach Hause.

Sag mal, spinnst du?

Ich hab Angst.

Aaah!

Ich bin sicher, irgendwann wirst auch du vor Hunger und Durst heulen.

Ein Angeber mit Spatzenhirn.

Was wird Kilian durch diese Aussage bewusst? Erkläre.

____

____

____

____

Name:

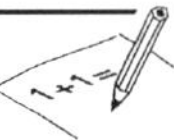

lesen | schreiben | malen / basteln | rätseln | rechnen

Die Zahlencode-Geheimschrift

Das Alphabet hat genau sechsundzwanzig Buchstaben.

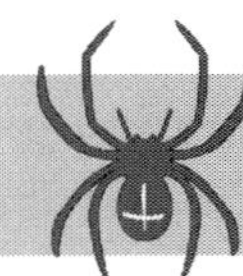

Führe die Zahlenreihe weiter.

A	B	C	D	E	F	G	H	I	J	K	L	M
1	2	3										

N	O	P	Q	R	S	T	U	V	W	X	Y	Z

Wer steckt hinter den Rätseln in der Gruselhütte? Denke dir einen sprechenden Namen für diese Person aus und notiere ihn.

Schreibe nun für jeden Buchstaben des Namens eine passende Rechnung auf (ohne Lösung!). Knicke das Blatt an der gestrichelten Linie und gib es einem Partner zum Entschlüsseln der Geheimschrift.

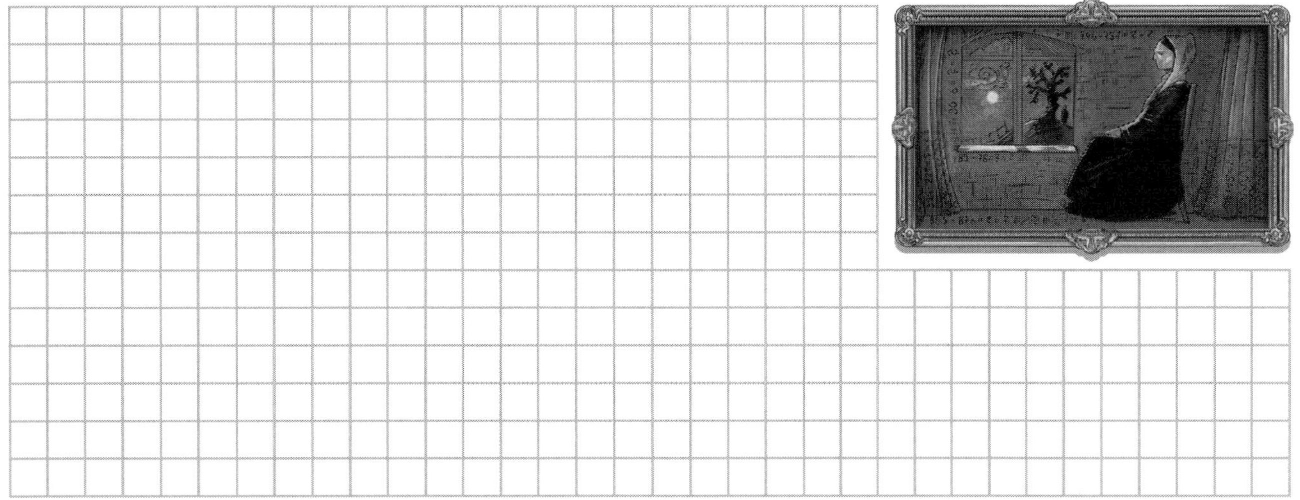

Spinne aus Styroporkugeln

Bastle deine eigene Gruselspinne.

Du brauchst:

- zwei Styroporkugeln in unterschiedlicher Größe
- schwarze Textilfarbe
- ein Holzstäbchen
- vier schwarze Pfeifenputzer (ca. 20 cm lang)
- sechzehn bunte Glasperlen
- zwei Wackelaugen
- Kleber
- weißes Tonpapier
- eine Schere

So geht's:

1. Bemale die beiden Styroporkugeln mit der Textilfarbe und lass sie trocknen.

2. Stecke die Kugeln auf das Holzstäbchen. Jetzt hast du schon Kopf (kleine Kugel) und Körper (große Kugel) der Spinne.

3. Schneide die Pfeifenputzer genau in der Mitte auseinander. Das werden die Beine der Spinne.

4. Schmücke jedes Pfeifenputzerstück mit jeweils zwei Glasperlen. Stich nun die Beine seitlich in den Körper deiner Spinne und biege sie zurecht.

5. Klebe dann die Wackelaugen auf den Kopf.

6. Zum Schluss bekommt deine Spinne noch Zähne. Schneide dazu aus dem Tonpapier kleine Dreiecke aus und klebe sie dicht nebeneinander unterhalb der Augen auf. Jetzt ist deine Spinne fertig!

Name:

lesen **schreiben** malen / basteln rätseln rechnen

Achtung, Gefahr!

Der Aufenthalt in der Hütte wird immer unheimlicher für die vier Kinder. Doch nicht alles, wovor sie Angst haben, ist auch eine Bedrohung für sie.

Welche der Aussagen deuten auf eine echte Gefahr hin? Rahme sie grün ein.

Die Kerze brennt immer weiter runter.

Einige Spinnen krabbeln an Stella hoch.

Die ausgestopften Tiere starren die Kinder an.

Es ist sehr warm im Raum.

Der Dachbalken ist angeknackst.

Kilian kommt eine Schlange entgegen.

Warum können diese Dinge den Kindern gefährlich werden? Begründe.

____

____

____

____

____

____

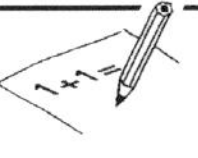

Name:

lesen **schreiben** malen/basteln **rätseln** rechnen

Tierische Gesellschaft

Die Kinder teilen sich die Hütte mit vielen – mehr oder weniger gruseligen – Tieren.

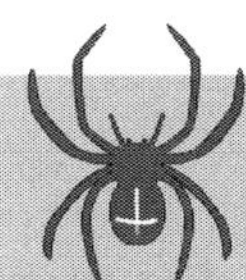

Trage die gesuchten Begriffe in Großbuchstaben in das Kreuzworträtsel ein und notiere das Lösungswort.

waagrecht:

3. Sie sind nur aus Plastik und können nicht fliegen.
4. Das hängt an der Wand neben dem Raben in der Ecke.
6. Die haben dem Vampir und der Hexe Gesellschaft geleistet.
9. An seinem Maul hat sich Max verletzt.
10. Sie sieht selbst aus Pappe täuschend echt aus.

senkrecht:

1. Die ... bewegt sich schlängelnd fort.
2. Weil Stellas Fingernagel abgebrochen ist, fehlt ihr der Kopf.
5. ... riechen übel, wenn man sie zerdrückt.
7. Ihr Skelett steckt in der Falle.
8. Das Gefieder dieses Tieres birgt wichtige Hinweise.

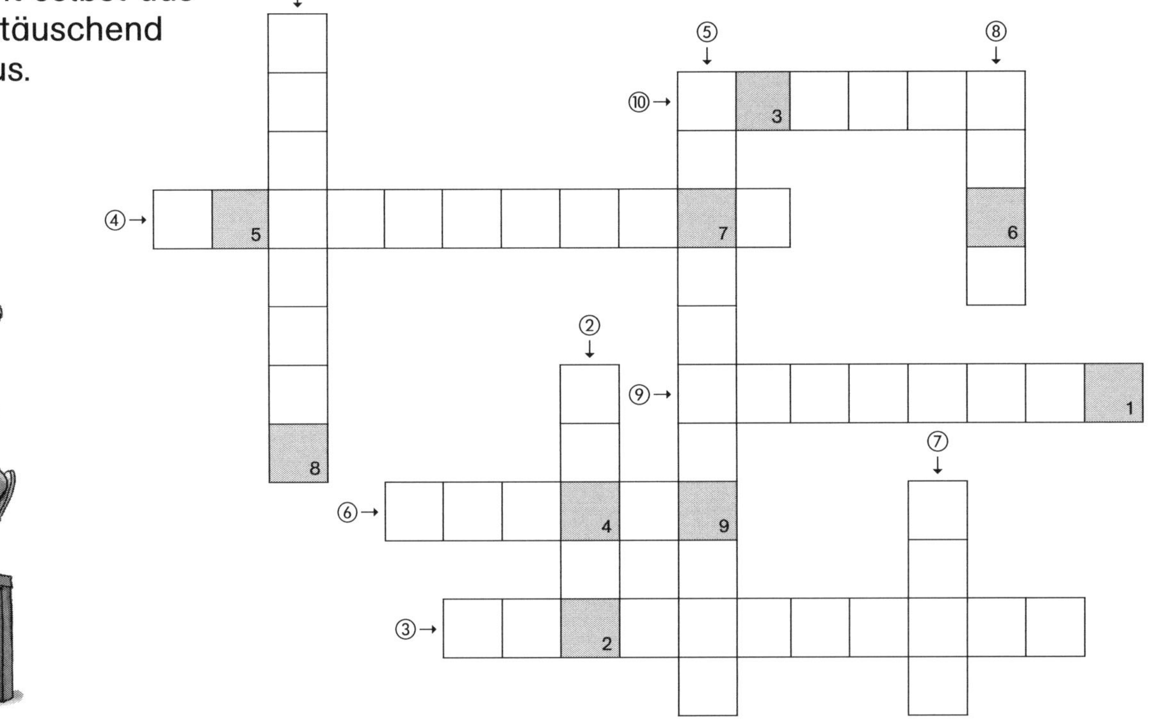

Lösungswort:

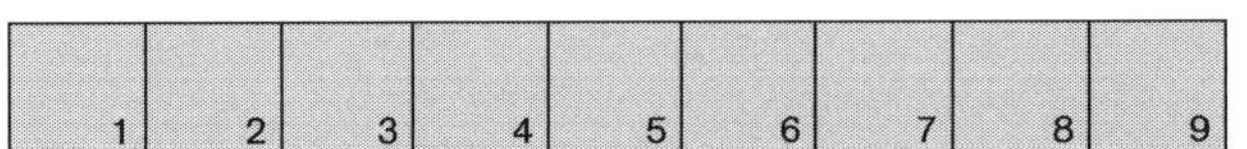

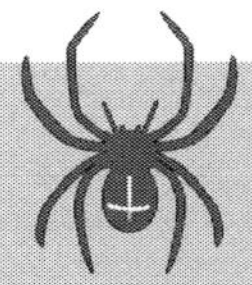

Welches der Tiere kann den Kindern tatsächlich gefährlich werden? Schreibe in dein Heft und begründe.

Name:

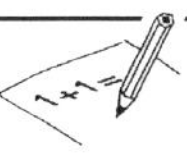

lesen **schreiben** malen/basteln rätseln rechnen

Erfinder gesucht

Immer wieder fragen sich die Kinder, wer hinter den geheimnisvollen Rätseln der Gruselhütte steckt.

Welche Vermutungen haben sie bereits angestellt? Schreibe in ganzen Sätzen.

1. ______________________________

2. ______________________________

Was glaubst du, wer sich die Rätsel ausgedacht hat? Verfasse einen Steckbrief des möglichen Erfinders und zeichne ein Bild von ihm.

Name: ______________________

Beruf: ______________________

So bin ich auf die Idee zur Gruselhütte

gekommen: ______________________

Mein Ziel: ______________________

Für diese Person(en) habe ich mir die Rätsel ausgedacht: ______________________

Freiheit in Sicht?

Unter dem Teppich verbirgt sich der Einstieg zu einem Gang.

Lies die Seiten 88 bis 90 und beantworte die Fragen in ganzen Sätzen.

1. Wie wird der Gang beschrieben?

____

____

2. Warum will Stella nicht die Treppe hinuntersteigen?

____

____

3. Wieso muss sich Max vortasten?

____

____

4. Wie kommen die Kinder aus dem Gang heraus?

____

____

Beschreibe in ganzen Sätzen, wie sich die Kinder fühlen, als sie endlich im Freien stehen. Die Adjektive helfen dir.

erleichtert	erschöpft	glücklich	ausgelassen	verbunden	durstig

____

____

____

Name:

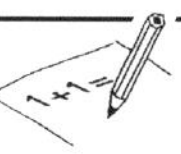

lesen **schreiben** malen/basteln rätseln rechnen

Jeder hat andere Talente

Auf dem Weg durch den Wald sprechen die Kinder über ihre besonderen Fähigkeiten.

Wer kann was? Verbinde.

Lotta •

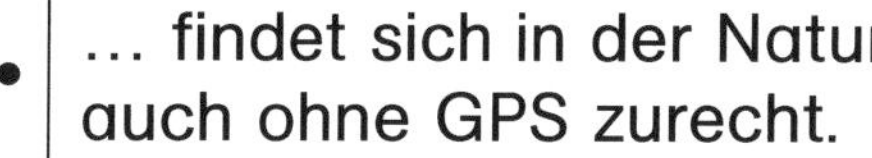

• … findet sich in der Natur auch ohne GPS zurecht.

• … malt und zeichnet sehr gut.

Kilian •

• … weiß viel über Pflanzen.

• … ist ein Rechenprofi.

Stella •

• … weiß, wie man einheizt.

• … kennt sich mit Technik aus.

Max •

• … bewahrt in gefährlichen Situationen einen kühlen Kopf.

Stell dir vor, du wärst mit in der Gruselhütte gewesen. Welches deiner eigenen Talente hätte sich als nützlich erwiesen und warum? Notiere.

____

____

Name:

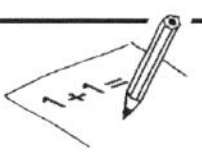

lesen **schreiben** malen/basteln rätseln rechnen

Gemeinsam statt einsam

Im Laufe der Geschichte hat sich das Verhältnis der Kinder zueinander verändert.

Wie sind die vier zu Beginn des Buches miteinander ausgekommen – und wie verstehen sie sich jetzt? Schreibe auf.

Woran erkennst du die Veränderung? Lies das letzte Kapitel erneut und notiere eine passende Textstelle.

Das Abenteuer hat die vier „zusammengeschweißt“. Erkläre die beiden Bedeutungen dieses Wortes.

Übertragene Bedeutung:

Name: ______________________

Ein gruseliges Geschenk

Im letzten Kapitel wird der geheimnisvolle Erfinder der Gruselhütte entlarvt.

Max und Lotta verfassen gemeinsam einen Brief an ihren Cousin und ihre Cousine. Darin schildern sie, was sie am Montag in der Schule erfahren haben. Schreibe die Nachricht weiter.

Liebe Stella,
lieber Kilian,

stellt euch vor, was wir heute Mittag herausgefunden haben! Wir sind gerade aus dem Schulgebäude gegangen, da ______________________

____

____

____

____

____

____

Viele Grüße
Lotta und Max

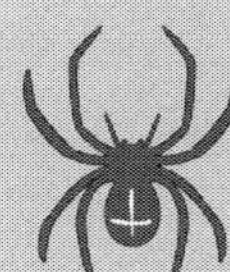

Damit die Geburtstagsüberraschung für Eliah gelingt, muss einiges beachtet werden. Welche drei Tipps geben Lotta und Max dem Erfinder? Notiere.

1. ______________________

____

2. ______________________
3. ______________________

Schnitzeljagd im Klassenzimmer

Eliahs Vater hat aus einer Hütte einen sogenannten „Escape-Room“ (kurz für „Escape the Room“, auf Deutsch „Entkomme dem Raum“) geschaffen. Escape-Room-Spiele sind sehr beliebt. Um selbst diese besondere Form der Schnitzeljagd zu entwickeln, brauchst du vor allem viel Fantasie. Außerdem solltest du ein paar Dinge beachten.

Tipp 1: Finde einen geeigneten Ort.
Falls ihr in der Schule spielt, bietet sich das Klassenzimmer an. Vielleicht darfst du aber auch einen anderen Raum oder die Turnhalle nutzen. Je größer das Zimmer, desto mehr Platz und Möglichkeiten hast du zum Verstecken der Hinweise. Achte darauf, dass keine wertvollen oder zerbrechlichen Gegenstände im Raum stehen.

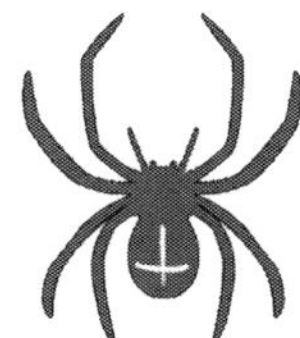

Tipp 2: Denke dir eine passende Geschichte aus.
Die Geschichte zu deinen Rätseln sollte zu dem Raum passen, in dem gespielt wird. Wie und wo beginnen deine Mitschüler – und was ist das Ziel? Denke an eine stimmige Reihenfolge, wenn du deine Hinweise im Klassenzimmer platzierst.

Tipp 3: Schreibe spannende Hinweise.
Im Idealfall können deine Klassenkameraden die Rätsel allein lösen. Deshalb solltest du deine Hinweise genau und eindeutig formulieren. Falls sie nicht weiterkommen, dürfen deine Mitschüler dich als Spielleiter um einen Tipp bitten.

Tipp 4: Besorge das Material für dein Spiel frühzeitig.
Statte einige deiner Rätsel mit zusätzlichen, eventuell auch ungewöhnlichen Dingen aus. Das können beispielsweise eine (Schatz-)Kiste, ein Schloss oder eine Stoppuhr sein. All diese Sachen musst du vorher organisieren!

Tipp 5: Führe eine Generalprobe durch.
Du magst dein Spiel noch so gut vorbereitet haben: Erst bei der Generalprobe merkst du, ob alles reibungslos funktioniert. Am besten spielst du das Ganze mit jemandem, der völlig unbeteiligt ist. Nur so kannst du sicher sein, dass deine Aufgabenstellungen klar und verständlich sind. Stoppe auch die Zeit bei der Generalprobe. Hat alles geklappt? Dann geht's los. Viel Spaß!

